做自己的律师

丛书主编／韩文生

以案说法

——合同纠纷法律指引

赵 霞 主编

中国言实出版社

图书在版编目（CIP）数据

以案说法：合同纠纷法律指引 / 赵霞主编.
北京：中国言实出版社，2024.9. -- （做自己的律师 /
韩文生主编）. -- ISBN 978-7-5171-4931-6

Ⅰ. D920.5
中国国家版本馆CIP数据核字第2024L293U2号

以案说法——合同纠纷法律指引

责任编辑：王战星
责任校对：代青霞

出版发行：中国言实出版社

　　　　　地　　址：北京市朝阳区北苑路180号加利大厦5号楼105室
　　　　　邮　　编：100101
　　　　　编辑部：北京市海淀区花园北路35号院9号楼302室
　　　　　邮　　编：100083
　　　　　电　　话：010-64924853（总编室）　010-64924716（发行部）
　　　　　网　　址：www.zgyscbs.cn　　电子邮箱：zgyscbs@263.net

经　　销：新华书店
印　　刷：北京温林源印刷有限公司
版　　次：2024年10月第1版　　2024年10月第1次印刷
规　　格：880毫米×1230毫米　　1/32　　8.25印张
字　　数：196千字

定　　价：68.00元
书　　号：ISBN 978-7-5171-4931-6

丛书编委会

主　任

韩文生

副主任

许身健

编委（以姓氏笔画排序）

丁亚琪　乌　兰　刘　涛　刘炫麟

刘智慧　苏　宇　李　晓　李　琳

范　伟　赵　霞　臧德胜

本书编委会

主　编

赵　霞

撰稿人（以姓氏笔画排序）

王　金　卢冠秀　张雨晨

张健菱　赵　霞

总　序

在建设法治中国这一波澜壮阔的历史征程中，每个公民不仅是其辉煌历程的见证人，更是积极参与、奋力推动其前行的中坚力量。面对法治时代的召唤，我们如何自处？答案既简单又深远：既要成为遵纪守法的模范公民，又要勇于并善于拿起法律武器，捍卫自身合法权益。这一使命，可概括为以下四个方面：

一是树立法治意识。这是心灵深处的法律灯塔，照亮公民对法律的认知之路。它不仅是对法律规则的敬畏与尊重，更是内化为日常行为的自觉遵循，其强弱直接关系到法治社会的建设成效。

二是培养法治思维。这是开启法律智慧大门的钥匙，引领我们从法治的视角审视世界、解决问题，是推动社会公正与和谐的重要力量。

三是提升法治能力。这不仅是具备从法律视角发现问题、分析问题、解决问题的能力，还体现在能够依法处理各类法律事务上。随着国家治理体系和治理能力现代化的完善和推进，法治能力是每个公民不可或缺的技能。

四是依法维护自身合法权益。法律，是公民权利的守护神。

在权益受到侵害时，我们不应选择沉默或妥协，而应勇敢地拿起法律武器，捍卫自己的尊严与权益。通过学习法律知识，了解法律程序，我们能够更加自信地面对挑战，确保自己的合法权益不受侵犯。

这套"做自己的律师"丛书，正是基于这样的理念与使命而诞生。它汇聚了我们身边一些常见的、真实的、典型的法律案例，通过深入解析，全方位、多角度地满足读者学习法律的需求。

丛书共9册，包括婚姻家庭继承、侵权、消费者权益保护、物权、合同、公司、劳动、刑事、行政等法律领域，为读者提供了全面而深入的法律指引。

我坚信，这套丛书将成为每位公民提升法治意识、培养法治思维、增强法治能力、依法维护自身合法权益的得力助手。书中丰富的案例，如同明灯一般，为读者提供可借鉴、可参考的解决方案，让法律不再是遥不可及的概念，而是触手可及、切实可行的行动指南。

我深信，当您细细品读本套丛书之时，定能更深刻地领悟法律之精髓，体会法治之真谛。在这一过程中，您将获得法律知识的全面滋养，清晰界定自己在法律框架中的位置，明确自身权利、义务与责任，从而在面对生活与工作的种种情境时，能够更加自信、有力地捍卫自己的合法权益。

本套丛书的作者群体包括中国政法大学的专家、学者和司法实践经验丰富的律师、法官等。尽管每位成员的工作均极为繁重，但他们以法律普及为己任，不辞辛劳，甘愿牺牲个人休息时间，夜以继日，只为将法律的精髓与智慧凝结成册，按期呈现给广大读者。在此，特向他们致以衷心的感谢！

　　本套丛书不仅对社会大众读者广有裨益，而且对从事立法、行政执法、司法、纪检监察、律师、公证、基层法律服务、法学教研、政府机关、社区、村民自治等相关工作的人士同样具有重要参考价值。

　　愿法律与您同在，愿法治与您同行！

韩文生

中国政法大学法硕学院党委书记

前　言

　　合同法则是社会运行的一个重要支柱，直接关系到我们的日常生活和商业交往。为此，我们推出了《以案说法——合同纠纷法律指引》一书，旨在通过典型案例解析的方式，向大众普及合同法知识。本书具有以下特点：

一、剖析具体案例，让合同法走进生活

　　本书选择的案例大多贴近生活，通过深入剖析这些真实案例，希望读者能够在阅读中找到一些熟悉的影子，感受到合同法在日常生活工作中的具体应用。这些案例涉及买卖、赠与、借款、保理、租赁、工程、物业、中介等方方面面的合同关系，我们以通俗易懂的语言，对专业性很强的问题作了简练生动的解析，向读者解释合同法的基本原理和实际操作，使法律不再成为遥不可及的概念，而是贴近生活的行动指南。

二、内容覆盖广泛，全面认识合同法

　　本书全面系统地介绍合同法的基础知识，内容上分为合同法通则和典型合同纠纷两大部分。合同法通则包括合同法的基本原则、合同的要素、成立、效力、履行和违约责任等内容，典型合

同纠纷按照有名合同的类别作出分类，不仅涵盖了常见的买卖合同纠纷、租赁合同纠纷等，还关注新兴的合同纠纷类型，如保理合同纠纷、物业服务合同纠纷等。我们从最基本的概念入手，帮助读者建立起对合同法的整体认识；通过全方位的介绍，确保读者对合同法有一个全面而清晰的认识，能够在日常生活工作中更好地运用合同法知识。

三、解读最新法律政策，关注实务应用

本书结合《中华人民共和国民法典》《中华人民共和国公司法》《中华人民共和国民事诉讼法》《最高人民法院关于适用〈中华人民共和国民法典〉合同编通则若干问题的解释》《最高人民法院关于适用〈中华人民共和国民法典〉有关担保制度的解释》《全国法院民商事审判工作会议纪要》（法〔2019〕254号）等进行编写，注明了法律条文的更替变化情况，注重规定的准确性和连续性。合同法是一个实践性很强的法律领域，仅仅阅读法律条文是远远不够的。通过典型案例引导读者理解法律条文在实务中的应用，提供处理类似问题的启示和建议，有助于读者更好地将理论知识转化为实际操作能力，培养解决现实问题的法律思维。

四、培养法治观念，普及法律知识

法治观念的树立不仅有助于个体更好地理解和维护自己的合法权益，同时也有助于促进社会的和谐发展。我们希望在社会大众中培养法治观念，让每一个人都认识到法治是社会秩序的基石。法律知识不应该成为遥不可及的高墙，而是我们生活中的一部分。学习和懂得基本的法律知识可以让每个人更好地适应法治社会，促进

社会的稳定和繁荣。

　　本书的编写工作分工如下：赵霞负责合同法通则的案例撰写；王金负责买卖合同纠纷、赠与合同纠纷、保理合同纠纷、建设工程合同纠纷的案例撰写；张健菱负责买卖合同纠纷、承揽合同纠纷、保管合同纠纷、行纪合同纠纷的案例撰写；卢冠秀负责借款合同纠纷、技术合同纠纷、租赁合同纠纷、融资租赁合同纠纷的案例撰写；张雨晨负责供用水、热力合同纠纷，委托合同纠纷、物业服务合同纠纷、中介合同纠纷、合伙合同纠纷的案例撰写。全书由赵霞负责统稿。由于水平有限，错漏与不当之处在所难免，敬请读者批评指正。

　　感谢您阅读本书，期待这本书能够成为您了解合同法律知识、提高合同法律素养的得力工具。让我们共同努力，建设一个更加公平公正的法治社会！

本书编委会

2024 年 2 月

目　录

下篇　典型合同纠纷

上篇　合同法通则

借违法无效之名毁约的主张可以成立吗

诚信原则是我国民法始终秉持的基本原则。诚信原则在司法适用中遇到的一个重要问题是：当具体规则的适用结果与诚信原则相悖时，究竟是具体规则优先，还是诚信原则优先？基本原则与具体规则的适用关系是什么？在法律有明确规定的情形下，是否绝对排除适用基本原则？怎样协调诚实信用原则与法律禁止性规范实现之间的关系？

一、案例简介

（一）基本案情

A 公司于 2011 年 4 月 15 日取得案涉房地产"紫杉庄园"项目的土地使用权证，2012 年 1 月 19 日取得建设用地规划许可证，案涉房地产项目于 2016 年 5 月动工建设。2016 年 4 月 25 日，A 公司与李某签订了认购合同，李某依约支付了全部房款。2017 年 5 月，主体封顶，6 月 2 日取得建设工程规划许可证，7 月 27 日取得建筑工程施工许可证。2018 年 2 月 12 日，A 公司以案涉房屋未取得商品房预售许可证为由，将李某起诉至法院，请求确认双方签订的认购合同无效。2018 年 6 月 8 日，A 公司取得案涉项目的商品房预售许可证。[①]

---

① 详可参见（2018）陕 01 民终 8145 号民事判决书。

（二）法院裁判

1. 一审判决

一审法院认为，双方于 2016 年 4 月 25 日签订的认购合同为商品房买卖合同，因 A 公司在该案起诉前仍未取得商品房预售许可证，故涉案认购合同应为无效合同。

2. 终审判决

一审宣判后，李某不服提出上诉。二审期间，李某申请撤回上诉，二审法院经审查依法不予准许。二审法院认为，双方之间形成了商品房预售合同法律关系。A 公司在自身合同目的已经实现情形下，非但不积极履行应尽的合同义务，面对房地产市场出现价格大幅上涨，反而主张合同无效的做法，违背诚实信用原则。A 公司签约时未取得商品房预售许可证，虽然违反了有关"商品房预售应当取得商品房预售许可证明"的规定，但是并不必然导致其签订购房合同的民事法律行为无效。A 公司作为房地产开发企业，对房屋预售所需符合的条件应当是清楚的，对自身不办理商品房预售许可证即预售商品房行为的违法性应当是明知的。现 A 公司以自身原因造成的违法事实为由提起本案诉讼，真正目的在于获取超出合同预期的更大利益，其行为显然与社会价值导向和公众认知相悖。为弘扬社会主义核心价值观，彰显司法公正，人民法院对此种行为不应予以支持，A 公司与李某签订的认购合同有效，遂判决驳回 A 公司确认合同无效的诉讼请求。

二、以案说法

本案的争议焦点是 A 公司在房价大幅上涨的情况下，故意不积极办理商品房预售许可证，并以涉案房产不符合预售条件为由，主动起诉主张合同无效，对该行为应当如何正确认识？

在民商事司法实践中，合同一方当事人在履行合同过程中，因种种因素发生变化等原因，发现继续履行合同会对其不利，而以其签订合同中存在违法行为为由，请求人民法院确认合同无效的恶意抗辩时有发生。但是，合同无效制度设立的重要目的在于防止因为无效合同的履行给国家、社会以及第三人利益带来损失，维护社会的法治秩序和公共道德。如果合同当事人恶意利用合同无效制度以实现背离正义目的的行为也可以得到裁判支持，将鼓励不诚信的行为；处于优势一方的当事人可能先做出某种能导致合同无效的违法行为，从而为自己留下选择的余地。然后在合同履行中，违法者视该合同是否实际于己有利，来决定是否主张无效。合同被认定为无效时，守约方即丧失履行利益，只能主张缔约过失责任中的信赖利益，往往无法填补实际损害。违法者将会因自己的违法行为，获得依单方意思控制合同效力的巨大利益，合同无效制度沦为违法行为人追求不正当利益甚至非法利益的工具，有违社会主义核心价值观。如果无效规则适用的结果与公平正义之间的矛盾已经达到了"无法容忍"的程度，则不应再机械地适用具体规则，而应根据诚实信用原则进行裁判，纠正具体规则适用产生的不当结果。

本案中，A公司以签约时未取得商品房预售许可证为由提出双方之间的合同关系无效，旨在"借违法无效之名而毁约"，牟取签约后房价上涨的不当利益，该行为严重违反诚信原则。虽然《最高人民法院关于审理商品房买卖合同纠纷案件适用法律若干问题的解释》第2条明确规定在"起诉前"取得商品房预售许可证的才可以补正合同效力，但涉案房产已经具备取得商品房预售许可证的条件，现实中是否在 A 公司"起诉前"取得商品房预售许可证，该情况完全由 A 公司控制。A 公司为了获得签约后房价上涨的不当利益，故意将取得商品房预售许可证时间后置于其提起本案确认合同无效之诉，造成"起诉后"才取得商品房预售许可证的情形，主观上具有明显恶意。因此，A 公司主张合同无效的行为构成权力滥用，二审法院根据诚信原则驳回 A 公司关于双方之间的合同关系无效的主张，转而认定合同有效。本案二审判决的立场也得到了《最高人民法院关于适用〈中华人民共和国民法典〉合同编通则若干问题的解释》第 16 条第 1 款第 4 项的确认，规定为：当事人一方虽然在订立合同时违反强制性规定，但是在合同订立后其已经具备补正违反强制性规定的条件却违背诚信原则不予补正，人民法院不予认定该合同无效。

三、专家建议

实践中，"借违法无效之名毁约"由于严重违反诚信原则而广被诟病。保护诚信守约一方、制裁违法背信一方，表面上看是为了保护个人私益，实则有利于社会诚信建设和保护交易安全。因此，以诚信原则对背信行为进行审查成为一种共识。首先，应判断涉案合同是否因违反法律、行政法规的强制性规定而当论无效。其次，如果结论是合同无效，则应考察个案中的具体情况，进行综合权衡，判断一方当事人主张无效之行为是否严重违反诚信原则，构成权力滥用，能否依据诚信原则进行矫正。为了避免向一般条款逃逸，在优先适用诚信原则时要严格按照相关司法解释的规定和参照指导性案例。

四、关联法条

《最高人民法院关于审理商品房买卖合同纠纷案件适用法律若干问题的解释》第2条;《城市商品房预售管理办法》第6条;《最高人民法院关于适用〈中华人民共和国民法典〉合同编通则若干问题的解释》第16条第1款第4项。

本约合同未订立，买受人能否要求返还预约定金

商品房预购合同中曝光出来的诸多问题，给购房者带来重重困扰。购房者签了认购协议后还可以不要房吗？不要房还能要回定金吗？认购协议中注明的"购房者到期不签订购房合同开发商可以没收定金"是否有效？以上问题，购房者需要提高警惕，三思而行。

一、案例简介

（一）基本案情

原告戴某于 2004 年 4 月 18 日与被告 A 公司订立了一份《都市花园·天域住宅订购协议》（以下简称《订购协议》），约定原告支付定金 5 万元，订购被告开发的房屋一套；如果原告在被告通知的时间不与被告签订正式的《商品房预售合同》，5 万元定金将不返还原告；如果被告在此之前卖出房屋，应当双倍返还定金。5 月 7 日，原告至被告处签订正式购房合同，由于被告出具的格式合同中有"样板房仅供参考"的条款，原告对此持有异议，与被告协商未果，约定另择日签约。但在 5 月 9 日，被告通知要没收原告的定金，并要将房屋售与他人。原告遂起诉至法院，要求被

告双倍返还定金并负担诉讼费。①

（二）法院裁判

1. 一审判决

一审法院依据《中华人民共和国担保法》第 89 条的规定，认定原告所支付的 5 万元定金为履行合同的担保——履约定金。由于原告戴某未能在原约定的签约日 4 月 25 日订立合同，属于违约行为，因而不能要求返还定金。法院判决驳回原告戴某的诉讼请求，案件受理费 3510 元由戴某负担。

2. 二审判决

一审宣判后，戴某不服，提出上诉，请求撤销一审判决，改判被上诉人双倍返还定金，并负担一、二审诉讼费。二审法院认为，原告戴某到期不签约是由于对《商品房预售合同》文本中"样板房仅供参考，A 公司保留最终解释权"等文句的解释有异议，并未断然拒绝签约，因此合同最终未签订是因磋商不成，即不可归责于当事人任何一方。为此，二审法院判决被上诉人 A 公司返还 5 万元定金，案件受理费由双方各半负担。

二、以案说法

本案的争议焦点主要有两个：一是什么是预约合同？二是违反预约合同如何认定？

（一）预约合同的认定

在我国，《中华人民共和国民法通则》（1986 年）、《中华人民共和国合同法》（1999 年）均未规定预约。《最高人民法院关于审理商品房买卖合同纠纷案件适用法律若干问题的解释》（2003 年）

---

① 详可参见（2005）苏中民一终字第 0068 号民事判决书。

第一次涉及预约。该解释第5条规定："商品房的认购、订购、预订等协议具备《商品房销售管理办法》第十六条规定的商品房买卖合同的主要内容，并且出卖人已经按照约定收受购房款的，该协议应当认定为商品房买卖合同。"该条文将商品房认购、订购、预订协议统称为商品房买卖合同，未区分预约和本约。该解释第4条规定："出卖人通过认购、订购、预订等方式向买受人收受定金作为订立商品房买卖合同担保的……"，表明预约合同具有约定在将来一定期限内另行订立合同的效力。《最高人民法院关于适用〈中华人民共和国民法典〉合同编通则若干问题的解释》将预约称为"预约合同"，将本约称为"本约合同"。该解释第6条第1款规定："当事人以认购书、订购书、预订书等形式约定在将来一定期限内订立合同，或者为担保在将来一定期限内订立合同交付了定金，能够确定将来所要订立合同的主体、标的等内容的，人民法院应当认定预约合同成立。"该解释第6条第3款规定："当事人订立的认购书、订购书、预订书等已就合同标的、数量、价款或者报酬等主要内容达成合意，符合本解释第三条第一款规定的合同成立条件，未明确约定在将来一定期限内另行订立合同，或者虽然有约定但是当事人一方已实施履行行为且对方接受的，人民法院应当认定本约合同成立。"预约的性质在理论上有不同的观点，包括：前合同说、从合同说、附停止条件本合同说、独立合同说等，主流观点是独立合同说。本案中，双方签订《订购协议》，约定要支付定金并且将来要另行签订《商品房预售合同》，性质上属于预约合同。

（二）违反预约合同的认定

预约的效力在理论上亦有重大分歧，包括应当缔约说、应当磋商说、区分说、视为本合同说等。最高人民法院主张区分说，"具体来说，可以采取如下思路：首先看当事人约定。如果当事人对此作出了明确约定，且此种约定不违反强制性规定且能够继续履行，应当予以尊重。"预约合同生效后，根据预约合同的完备程度不同，作类型化区分，当事人分别产生缔约义务或者磋商义务。对于完备程度较高的预约合同，即合同主要条款已经约定或者基本约定清楚，即使不签署本约，预约仍可正常履行，只是缺乏要式性。此种预约合同生效后，当事人应当订立本约。如果当事人拒绝订立本约合同，则构成违反预约合同。对于完整度较差的简单预约、典型预约，即确定了合同的主体、标的等内容，但缺乏其他条款，当事人约定将来一定期限内另行订立合同的，可以采取强制磋商主义。在此情形下，如果当事人在磋商订立本约合同时违背诚信原则，导致未能订立本约合同，构成违反预约合同。需要注意的是，无论哪种违反预约合同情形，其救济措施都不包括强制缔约，对方只能主张损害赔偿。《最高人民法院关于适用〈中华人民共和国民法典〉合同编通则若干问题的解释》第7条第1款规定："预约合同生效后，当事人一方拒绝订立本约合同或者在磋商订立本约合同时违背诚信原则导致未能订立本约合同的，人民法院应当认定该当事人不履行预约合同约定的义务。"本案中，双方签订的《订购协议》属于完备程度较低的预约合同，对于标的物的状态并未达成合意。而在正式购房合同中，A公司将"样板房仅供参考"一语列入合同文本附件对购房者来说是显失公平，原告有权不予接受该约束。因此，最终本约合同未能签订不可归责于任何一方，原告拒绝签署被告提供的正式购房合同，不构成对预约合同的违反，被告无权没收已收取的定金，而应当返还给原告。

三、专家建议

商品房是价值高昂的不动产。购房人在签约之前，需要注意以下几点：一是要了解有关商品房买卖方面的法律法规，对双方的权利义务、交易流程等做到心中有数；二是要关注开发商的商业信誉和开发资质，了解其是否有不良记录以及是否"五证"齐全［即土地使用权证，建设工程用地许可证，建设工程规划许可证、建设工程施工许可证，商品房预（销）售许可证］；三是务必对各种协议、附件认真阅读研究，包括房屋的基本情况、付款方式、交付时间、交付标准、产权证的办理期限、违约责任等，不要在不知情的情况下贸然签字、交付定金；四是对于明显有失公平的条款，要及时提出异议，要求修改，不要在销售人员、宣传广告、沙盘模型、口头承诺等影响下草率签字；五是树立保留证据的意识。如果没有保留证据的意识，发生纠纷就无法举证，可能遭遇败诉。在签订认购协议之后，购房者与开发商进行协商的过程应留下记录，比如，录音、照片、聊天记录等，当然最好是由开发商的工作人员写下一些文字，以反映协商的过程。

四、关联法条

《中华人民共和国合同法》第 3 条（《中华人民共和国民法典》第 4 条）、第 5 条（《中华人民共和国民法典》第 6 条）、第 6 条（《中华人民共和国民法典》第 7 条）；《最高人民法院关于审理商品房买卖合同纠纷案件适用法律若干问题的解释》第 4 条；《最高人民法院关于适用〈中华人民共和国民法典〉合同编通则若干问题的解释》第 6 条、第 7 条、第 8 条。

缔约过失责任能否适用于合同成立
并生效的情形

我国 1999 年颁布的《中华人民共和国合同法》（已废止）第 42 条、第 43 条（该内容现为《中华人民共和国民法典》第 500 条、第 501 条）明确规定了缔约过失责任。以往的主流观点认为，缔约过失责任是指当事人一方违反先合同义务，使得合同不成立、无效、被撤销或者不被追认，当事人一方因此受有损失，过错方应赔偿受害人的损失。也就是说，缔约过失责任被排除在合同成立并生效时的责任范围之外。但随着经济生活的日趋复杂，缔约过失责任也出现了突破性的解释和适用，并被代表最高司法机关所确认。

一、案例简介

（一）基本案情

被告保险公司在原告物流公司投保时未作客观陈述，导致原告误以为自己可以通过货物运输险获赔，但货物运输险的保险利益归属货主而非投保人（即原告）。原告投保货物运输险后，被告拒绝向原告理赔，原告遭受损失。①

---

① 详可参见（2018）沪 0109 民初 9552 号民事判决书。

（二）法院裁判

一审法院认为，现行法律并未将缔约过失责任仅限于合同无效、被撤销的情形。承运人（即原告）投保货物运输险，系典型的为第三人利益的保险合同，并不为法律禁止，保险合同成立生效。然而，合同有效成立并不代表原告无法就其损失追究被告缔约过失责任赔偿。从法律规定上来看，《中华人民共和国合同法》第42条、第43条规定的缔约过失责任承担，并未言及合同成立或生效与否，留有合同有效型缔约过失责任适用的法律空间。且从比较法的角度，缔约过失之法律概念肇始于德国，自20世纪初德国法院判决采纳合同有效场合的缔约过失后，德国司法界与理论界已达成共识。综上，一审法院认为，缔约过失责任与当事人之间合同是否有效成立无关，而是以当事人之间真实存在的交易关系为基础，并以法定的缔约过程中的诚信义务为前提，属于违反先合同义务后的独立赔偿责任。本案双方缔结了有效的保险合同，但在缔结过程中被告有违诚实信用义务，应承担缔约过失责任。

二、以案说法

缔约过失责任是违反先合同义务应当承担的责任，先合同义务主要指合同订立过程中基于诚实信用原则而设立的义务，包括告知义务、说明义务、保密义务、保护义务、协助义务等。且根据《中华人民共和国合同法》第42条第2项的规定，应告知的事实并非一般事实，而是与订立合同有关的重要事实。本案的争议焦点是：缔约过失责任能否适用于合同成立并生效的情形？

第一，从法教义学的角度来看，《中华人民共和国合同法》第42条（《中华人民共和国民法典》第500条）规定了缔约过失责任的内容，列举了两种具体情形，即"假借订立合同，恶意进行磋商""故意隐瞒与订立合同有关的重要事实或者提供虚假情况"，并未明确缔约过失责任的适用前提必须是合同不成立或者无效、可撤销。

第二，代表最高司法机关官方立场的解读观点赞成缔约过失责任的适用条件不应该将合同成立并生效的情形排除在外。其认为，"先合同义务只能在合同生效前存在，也只能在合同生效前违反。但是，违反先合同义务给对方造成的损失完全可能发生在合同成立生效后，如果该损失仅因为合同的成立生效而无法得到赔偿，显然有失公正。合同的成立或生效并不应消灭违反先合同义务行为人的法律责任。当事人承担违约责任还是缔约过失责任，并非根据合同是否成立生效来判断，而是根据其违反的合同义务性质来判断"。

第三，缔约过失责任是具有独立性的法定责任。缔约过失责任是行为人违反先合同义务所导致，这种义务来自法律的直接规定，而非当事人之间的协商约定。责任人需要依法赔偿相对人的信赖利益损失。

第四，违反诚实信用原则订立的合同，其效力未必受到影响，但是此时仅以合同已经成立且生效就免除负有缔约过失责任一方的责任，会使得相对人遭受不公，违反公平原则。

综上，缔约过失责任适用于合同成立且生效的情形。本案中，被告保险公司因未履行先合同义务，即未充分告知原告（投保人）保险种类、险种区别、保险利益归属等，导致原告未能选择正确的险种，在合同履行过程中遭受损失。虽然双方签订的保险合同成立且生效，但原告依然有权要求被告保险公司承担缔约过失责任。

三、专家建议

当前司法实践中，缔约过失责任的适用范围已不再局限于合同无效、不成立、被撤销等特殊情形，合同成立并生效时也可能产生缔约责任，这已经成为普遍的共识，并且具有法律依据。因此，在合同订立过程中，当事人应当严格遵循诚实信用原则，恰当地向相对人履行告知、说明、保密、保护、协助等先合同义务。否则，只要违反先合同义务，就应当承担独立于违约责任的缔约过失责任，该责任不会因合同成立且生效而被免除，其责任范围包括直接损失和合理的间接损失。

四、关联法条

《中华人民共和国合同法》第 6 条（《中华人民共和国民法典》第 7 条）、第 42 条（《中华人民共和国民法典》第 500 条）。

债务人与次债务人有仲裁条款，债权人可以提起代位权诉讼吗

企业在经营过程中，贷款申请受限、货款拖欠严重、流动资金不足等问题比较突出，及时收回应收账款成为缓解企业资金压力的当务之急。债权人代位权诉讼作为一项行之有效的欠款清收策略，在债务人本身偿付能力较弱但对外享有到期应收账款的情形下发挥着重要作用。但是债权人的代位权依法只能向人民法院以提起诉讼的方式实施，在债务人和次债务人之间有仲裁协议，并以此抗辩时，应如何处理存在较大的争议，影响到债权人的代位权能否顺利行使。

一、案例简介

（一）基本案情

2015 年至 2016 年，某控股株式会社与某利国际公司等先后签订《可转换公司债发行及认购合同》及补充协议，至 2019 年 3 月，某利国际公司欠付某控股株式会社款项 6400 余万元。2015 年 5 月，某利公司与其母公司某利国际公司签订《贷款协议》，由某利国际公司向某利公司出借 2.75 亿元用于公司经营。同年 6 月，某利国际公司向某利公司发放了贷款。案涉《可转换公司债发行及认购合同》及补充协议、《贷款协议》均约定了仲裁条款。某控股株式会社认为某利国际公司怠于行使对某利公司的债权，影响

了某控股株式会社到期债权的实现，遂提起代位权诉讼。

（二）法院裁判

一审法院认为，虽然某控股株式会社与某利公司之间并无直接的仲裁协议，但某控股株式会社向某利公司行使代位权时，应受某利公司与某利国际公司之间仲裁条款的约束。相关协议约定的仲裁条款排除了人民法院的管辖，故裁定驳回某控股株式会社的起诉。某控股株式会社不服提起上诉。二审法院依据《最高人民法院关于适用〈中华人民共和国合同法〉若干问题的解释（一）》第 14 条的规定，裁定撤销一审裁定，移送被告住所地人民法院审理。生效裁判认为，虽然案涉合同中均约定了仲裁条款，但仲裁条款只约束签订合同的各方当事人，对合同之外的当事人不具有约束力。本案并非债权转让引起的诉讼，某控股株式会社既非《贷款协议》的当事人，亦非该协议权利义务的受让人，一审法院认为某控股株式会社行使代位权时应受某利公司与某利国际公司之间仲裁条款的约束缺乏依据。

二、以案说法

债权人代位权系指债权人为保全其债权，以自己之名义行使债务人对次债务人的实体权利。由于《中华人民共和国民法典》第 535 条规定债权人以自己的名义代位行使债务人对次债务人的权利只能向人民法院提出请求，未规定可以向仲裁机构提出主张，那么如果债务人与次债务人间存在仲裁协议时，债权人代位权纠纷的主管规定与之发生冲突，应当如何协调适用？这是本案的争议焦点。对于该争议有两种不同的观点：

一种观点认为，代位权纠纷不应受债务人与次债务人的仲裁协议扩张效力影响。理由在于：1. 债权人以债务人怠于行使对次债务人的到期债权，对债权人造成损害，债权人以自己的名义代位行使债权，该权利并非债权人因债务人的债权转让而取得。因此，不应受债务人和次债务人之间的仲裁协议约束。2. 如果认为代位权纠纷要受到债务人与次债务人之间的仲裁协议约束，那么债务人和次债务人存在签订虚假仲裁协议规避债权人提起代位权诉讼的道德风险，使得代位权诉讼被仲裁协议架空，代位权制度将失去存在的价值。

另一种观点认为，代位权纠纷应受债务人与次债务人的仲裁协议的约束。理由在于：1. 根据《最高人民法院关于适用〈中华人民共和国合同法〉若干问题的解释（一）》第18条第1款（《民法典》第535条第3款）的规定，次债务人对债务人的抗辩，可以向债权人主张。该抗辩权应当包括实体抗辩和程序抗辩，债权人系代债务人向次债务人主张权利，应当受其间约定管辖之约束。2. 如果认为代位权纠纷可以不受债务人与次债务人的仲裁协议的约束，那么也会引发另一种道德风险，即债务人为了规避与次债务人的仲裁协议约束，而故意要求债权人提起代位权诉讼。

我们认为，债权人提起的代位权诉讼与债务人、次债务人之间的合同纠纷属于不同的法律关系。债务人和次债务人之间事先订有仲裁条款的，由于债权人不是该仲裁条款所涉合同的一方当事人，原则上债权人不受该仲裁条款的约束，因此第一种观点具有较强的合理性。但是也不能完全否定仲裁协议，特别是真实的仲裁协议，要处理好代位权诉讼与仲裁之间的关系。《最高人民法院关于适用〈中华人民共和国民法典〉合同编通则若干问题的解释》第36条在这方面进行了有益的探索，明确规定如果债务人或次债务人在债权人代位权诉讼首次开庭前依据仲裁条款就双方之间的合同争议申请仲裁的，审理代位权诉讼的法院可以依民事诉讼法相关规定中止代位权诉讼，待仲裁裁决发生法律效力后再恢复审理。也就是说，如果债务人或次债务人在代位权诉讼首次开庭前没有申请仲裁，那么债权人的代位权诉讼就不应再受到任何影响。

三、专家建议

在倡导和弘扬诚实守信的时代背景下，代位权制度在保障债权人利益方面可谓大有裨益。但需要注意，在强调债权人保护、遏制债务人及次债务人通过虚构仲裁协议恶意阻却债权人代位权行使的同时，亦应当尊重真实的仲裁协议，需要通过合理的制度设计，正确处理诉讼和仲裁这两大纠纷解决方式之间的关系，协调平衡债权人、债务人和次债务人各方不同的利益，使得代位权制度能够行之有效、发挥作用。

四、关联法条

《中华人民共和国合同法》第 73 条（《中华人民共和国民法典》第 535 条）;《最高人民法院关于适用〈中华人民共和国民法典〉合同编通则若干问题的解释》第 36 条;《最高人民法院关于适用〈中华人民共和国合同法〉若干问题的解释（一）》第 18 条第 1 款。

代位权诉讼要以债务人与次债务人之间的债权债务关系无争议为条件吗

　　代位权诉讼的成立条件关涉到债权人的权益能否通过代位权制度得到保障。对于债权人行使代位权的条件应进行实质审查还是形式审查，目前还没有共识。

一、案例简介

（一）基本案情

　　债权人某行泰然支行向债务人 A 公司的次债务人 B 公司提起涉案代位权诉讼。次债务人 B 公司抗辩称因 A 公司未支付保险费，根据保险合同的约定，案涉保险合同未成立生效。退一步讲，即使 B 公司承担保险责任，应仅承担保险事故的直接损失和费用，不承担案涉事故间接损失及费用，同时应免除保险单约定的免赔额。此外，即使 B 公司承担保险责任，其有权享有海事赔偿责任限制。[①]

（二）法院裁判

　　根据《中华人民共和国合同法》第 73 条第 1 款及《最高人民法院关于适用〈中华人民共和国合同法〉若干问题的解释（一）》[以下简称《合同法解释（一）》]第 11 条关于债权人代位权行使

[①] 详可参见（2022）最高法民再 16 号民事裁定书。

条件的规定，次债权应当满足债务人怠于行使其到期债权、对债权人造成损害、次债权非专属于债务人自身的债权三方面条件。此外，根据《合同法解释（一）》第 18 条第 1 款关于"在代位权诉讼中，次债务人对债务人的抗辩，可以向债权人主张"的规定，债权人提起代位权之诉，并不以债务人与次债务人之间的债权债务关系明确无争议为条件，人民法院应当对债务人与次债务人之间的债权债务关系进行审理。代位权制度的主要目的在于解决债务人怠于行使次债权时如何保护债权人权利的问题。债权人代位权的客体是债务人的到期债权，如果行使代位权需要以次债权确定为前提，在债务人怠于确定次债权的情况下，债权人就无法行使代位权，则代位权制度的目的将完全落空。因此，对于债权人而言，应当提供证据证明债务人对次债务人享有非专属于其自身的到期债权且怠于行使的初步证据，至于次债务人提出的抗辩是否成立，应是在代位权诉讼中予以解决的问题。

二、以案说法

本案的争议焦点在于：债务人 A 公司对次债务人 B 公司的债权数额存在争议时，是否影响到债权人某行泰然支行提起涉案代位权诉讼？

（一）原告某行泰然支行的起诉是否符合《中华人民共和国民事诉讼法》的规定

《中华人民共和国民事诉讼法》第 122 条规定的起诉实体条件是原告与本案有直接利害关系、有明确的被告、具体的诉讼请求、事实和理由。本案中，债权人某行泰然支行起诉时提交了初步证据证明其对债务人 A 公司享有抵押权侵权之债及数额以及债务人 A 公司对次债务人 B 公司享有主张支付保险赔偿金的债权，案由为代位权纠纷，被告为次债务人 B 公司，第三人为债务人 A 公司。因此，原告某行泰然支行的起诉符合《中华人民共和国民事诉讼法》第 122 条的规定，人民法院应予受理。

（二）债权人行使代位权的条件

首先，《中华人民共和国合同法》及其解释对于代位权诉讼中次债权明确性方面的要求仅为债务人对次债务人享有到期债权且债务人怠于行使该到期债权。为避免债权人的权利被该"怠于行使"的消极行为侵害，赋予债权人有权代位行使债务人的债权。对于"怠于行使"的认定，根据《最高人民法院关于适用〈中华人民共和国民法典〉合同编通则若干问题的解释》第 33 条的规定，表现为"债务人不履行其对债权人的到期债务，又不以诉讼或者仲裁方式向相对人主张其享有的债权或者与该债权有关的从权利，致使债权人的到期债权未能实现"。

其次，次债务人与债务人之间关于次债权的争议，在代位权制度中有充分的解决空间。《合同法解释（一）》第 16 条、第 18 条分别规定了在代位权诉讼中，人民法院可以追加债务人为第三人以及次债务人对债务人的抗辩可以对债权人提出。上述制度设计充分保护了次债务人、债务人的诉讼权利和实体权利，人民法院可以准确查明债务人与次债务人之间的债权债务争议，实质化解纠纷。

本案中，债权人某行泰然支行已初步举证证明债务人 A 公司对次债务人 B 公司享有主张支付保险赔偿金的债权，该债权并不是专属于债务人 A 公司的债权，且债务人 A 公司未通过诉讼或仲裁等方式向次债务人 B 公司主张权利。至于次债务人 B 公司提出不应承担保险赔偿责任的抗辩主张，应当由法院进行审理，认定该抗辩主张是否成立，进而对某行泰然支行主张的代位权能否得到支持作出判断处理。

三、专家建议

代位权制度的主要目的在于解决债务人怠于行使次债权时如何保护债权人权利的问题。债权人代位权的客体是债务人的到期债权，如果行使代位权需要以次债权明确无争议为前提，当债务人怠于确定次债权时，债权人就无法行使代位权，则代位权制度的目的将落空。因此，对于债权人而言，其提起代位权诉讼时，应当提供证据证明债务人对次债务人享有非专属于其自身的到期债权且怠于行使该次债权的初步证据即可。至于次债务人提出的抗辩是否成立，属于在代位权诉讼审理中应当予以解决的问题。

四、关联法条

《中华人民共和国合同法》第73条（《中华人民共和国民法典》第535条）;《最高人民法院关于适用〈中华人民共和国合同法〉若干问题的解释（一）》第16条第1款;《最高人民法院关于适用〈中华人民共和国民法典〉合同编通则若干问题的解释》第37条第1款、第18条第1款;《中华人民共和国民法典》第535条第3款、第18条第2款;《最高人民法院关于适用〈中华人民共和国民法典〉合同编通则若干问题的解释》第40条第1款;《中华人民共和国民事诉讼法》第122条。

合同僵局下的违约方解除权，如何行使

在合同履行中，一方当事人难以继续履行合同的情况时常发生，由此形成了合同僵局问题。长期以来，司法实践中关于合同僵局的最大争议是违约方是否有权解除合同。通常来说，仅守约方享有解除权，违约方无权解除合同，但由此带来了诸多问题。

一、案例简介

（一）基本案情

2019 年初，某村村委会、村股份经济合作社（甲方）与某旅游管理有限公司（乙方）就某村村域范围内旅游资源开发建设签订经营协议，约定经营期限 50 年。2019 年底，某村所在市辖区水务局将经营范围内河沟两侧划定为城市蓝线，对蓝线范围内的建设活动进行管理。2019 年 11 月左右，某旅游管理有限公司得知河沟两侧被划定为城市蓝线。2020 年 5 月 11 日，某旅游管理有限公司书面通知要求解除相关协议。经调查，经营协议确定的范围绝大部分不在蓝线范围内，且对河道治理验收合格就能对在蓝线范围内的部分地域进行开发建设。

（二）法院裁判

双方当事人约定就经营区域进行民宿与旅游开发建设，因流经某村村域的河道属于签订经营协议时既有的山区河道，不属于无法预见的重大变化。城市蓝线主要是根据江、河、湖、库、渠和湿地等城市地标水体来进行地域界限划定，主要目的是为了水体保护和控制。某旅游管理有限公司可在履行相应行政手续审批或符合政策文件的具体要求时继续进行开发活动，故城市蓝线划定不构成情势变更。某村村委会、村股份经济合作社并不存在违约行为，某旅游管理有限公司明确表示不再对经营范围进行民宿及旅游资源开发，属于违约一方。某旅游管理有限公司以某村村委会及村股份经济合作社根本违约为由要求解除合同，明确表示不再对经营范围进行民宿及旅游资源开发，某村村委会及村股份经济合作社不同意解除合同或终止合同权利义务，双方已构成合同僵局。考虑到双方合同持续履行长达50年，须以双方自愿且相互信赖为前提，如不允许双方权利义务终止，既不利于充分发挥土地等资源的价值利用，又不利于双方利益的平衡保护，案涉经营协议已丧失继续履行的现实可行性，合同权利义务关系应当终止。

二、以案说法

本案的争议焦点是：某旅游管理有限公司作为违约方请求解除案涉经营协议，是否应予支持？

《中华人民共和国民法典》第577条规定："当事人一方不履行合同义务或者履行合同义务不符合约定的，应当承担继续履行、采取补救措施或者赔偿损失等违约责任。"根据该规定，当违约情况发生时，继续履行是违约方承担责任的首选方式。法律之所以这样规定，是由于继续履行比采取补救措施、赔偿损失或者支付违约金，更有利于实现合同目的。但是，当合同无法继续履行时，例如违约方继续履行所需的财力、物力超过合同双方基于合同履行所能获得的利益时，或者持续性合同中双方当事人丧失的合作可能性导致合同目的不能实现，守约方本有解除权却有意不行使，背离诚信、公平及禁止权利滥用诸项原则，合同存续下去，将导致债务人仍负有给付义务、须承担违约责任，双方出现零和博弈，乃至造成社会资源浪费。此时，应当允许违约方解除合同，用赔偿损失来代替继续履行。《中华人民共和国民法典》第 580 条对该制度予以了确认。

由于合同僵局是违约方行使合同解除权的前提条件，对此应当严格依法进行识别，具体包括以下几种情形：

（一）不限于长期性合同，但须为非金钱债务

《全国法院民商事审判工作会议纪要》第 48 条规定，合同僵局仅限于长期性合同，但实践中的合同僵局并不仅限于长期合同，因此，《中华人民共和国民法典》第 580 条第 2 款将合同僵局的范围扩展至所有类型的合同。但是，金钱债务具有特殊性，可以被强制执行，不存在不能履行，因此被排除在外。

（二）在法律上或事实上不能继续履行

法律上不能履行是指依法而不能履行或者继续履行将违法。事实上不能履行是指依据客观存在或者发生的情况造成不能履行。

（三）债务标的不适于强制履行或者履行费用过高

债务标的不适于强制履行是指依据标的的性质不适合强制履行，例如具有人身依附性的债务。本案中双方签订的进行民宿与旅游开发建设的经营协议也属于此类合同。履行费用过高是指债务人的履约成本将远远大于其可获得的履行利益，甚至超过合同双方基于合同履行所能获得的利益，继续履行合同失去了经济效益上的合理性。

（四）债权人在合理期限内未请求履行

此规定是为了防范债权人的投机行为。如果债权人在合理期限内未向债务人请求履行，债务人由此产生信赖，相信债权人不再请求继续履行，那么就应当赋予债务人以合同解除权。该种情形中的"合理期限"没有明确的界定，需要结合合同性质、履行状况等具体判断。"未请求履行"是指既未向债务人主张履行，也未向裁判机关提出履行主张。

（五）持续履行的不定期合同

合同内容为持续履行性质，且合同期限为不定期的合同，当事人包括违约方可以通知解除。

三、专家建议

本案例因案涉经营协议"已丧失继续履行的现实可行性"而解除，形象阐释了认定《中华人民共和国民法典》第 580 条第 1 款第 1 项［即原《中华人民共和国合同法》第 110 条第（一）项］关于"事实上不能继续履行"的情形。需要注意以下两点：

一是《中华人民共和国民法典》第 580 条扩充了原《中华人民共和国合同法》第 110 条的法律效果。第 110 条并未明确在排除守约方履行请求权的同时，违约方可否请求解除合同。《中华人民共和国民法典》第 580 条在原《中华人民共和国合同法》第 110 条的基础上新增一款，作为《中华人民共和国民法典》第 580 条第 2 款，使得违约方从仅可抗辩相对方不能强制履行，进阶为有权向裁判机关请求解除合同，肯定了违约方的解除权。现实需求得到积极回应，立法和司法不再受制于对违约方的道德评价，变化的背后是关注社会整体经济效益进步的科学理念。有观点认为通过司法实践率先认可违约方申请解除制度，是迄今为止在民商事领域最引人注目的司法经验。

二是关于合同僵局制度中的合同解除时间问题。《中华人民共和国民法典》第 580 条规定违约方有权请求解除合同，合同是否解除，由裁判机构确认，故该权利应为形成诉权（程序性权利），法院判令合同解除的文书生效时间为合同解除时间。但《最高人民法院关于适用〈中华人民共和国民法典〉合同编通则若干问题的解释》第 59 条规定合同解除时间一般为违约方要求解除合同的起诉状副本送达之日，即原则上将违约方解除权从形成诉权变更为形成权，成为实体性权利。作为对该变化合理性的补充，《最高人民法院关于适用〈中华人民共和国民法典〉合同编通则若干问题的解释》第 59 条规定了合同解除时间的例外规则，即以其他时间作为合同解除时间更公平更诚信的，可以该时间作为合同解除的时间，但应当在裁判文书中充分说明理由。因此，在实践中，要重视探寻查找合同目的不能实现的时间和事实，从实质上把握合同僵局制度的本意，以正确适用该制度。

四、关联法条

《中华人民共和国合同法》第 110 条（《中华人民共和国民法典》第 580 条）；《最高人民法院关于印发〈全国法院民商事审判工作会议纪要〉的通知》（2019 年 11 月 8 日 法〔2019〕254 号）第 48 条；《中华人民共和国民法典》第 563 条第 2 款。

对解除合同的通知有异议应该怎么办

《中华人民共和国民法典》第 565 条规定了合同单方解除权及解除异议权行使的一般规则，该规定对我国民商事活动具有重要作用。但是，该条规定应当如何适用？解除权与异议权又该如何行使呢？等等。我们通过下面的具体案例来进一步讨论。

一、案例简介

（一）基本案情

2008 年 3 月 15 日，某学校与 A 公司签订《合作开发协议书》，约定：某学校以达州市政府批准的《校园总体规划调整方案》及学校临街开发的出让土地使用权作为投资，A 公司以现金全额投资并独立开发建设学府铭苑；某学校按约获取开发效益，不承担开发建设风险；A 公司按约受让某学校上述土地使用权，自主开发、自主销售、独自承担开发建设风险。2011 年 5 月 9 日，某学校向 A 公司发出《解除通知》，以达州市政府决定对学校临街出让土地以招拍挂方式公开进行交易，导致其无法履行《合作开发协议书》为由提出解除此协议。对此，A 公司未在 3 个月内予以回应。A 公司于 2012 年 2 月 28 日向四川省高级人民法院提起诉讼，请求判令某学校继续履行《合作开发协议书》。一审诉讼期间，某学校再次向 A 公司发出《解除通知》，以 A 公司未按期支付 500 万元首付款、达州市政府不予批准《校园总体规划调整方案》导致合同无法履行、达州市政府要求收回土地为由，通知解除合同。[①]

（二）法院裁判

1. 一审判决

关于双方签订的《合作开发协议书》是否应当继续履行，是否能够继续履行的问题。某学校以因政府拟对合作开发的土地重新进行拍卖，无法履行合作协议向 A 公司发出《解除通知》。A 公司在《解除通知》到达之日起 3 个月内并未向人民法院确认能否解除合同，根据《最高人民法院关于适用〈中华人民共和国合同法〉若干问题的解释（二）》[以下简称《合同法解释（二）》] 第 24 条"当事人对《合同法》第 96 条、第 99 条规定的合同解除或者债务抵销虽有异议，但在约定的异议 期限届满后才提出异议并向人民法院起诉的，人民法院不予支持；当事人没有约定异议期间，在解除合同或者债务抵销通知到达之日起 3 个月以后才向人民法院起诉的，人民法院不予支持"之规定，《解除通知》到达 A 公司时就已发生法律效力，《合作开发协议书》已经解除。况且达州市政府已公告注销了双方合同项下土地的《国有土地使用权证》，在法律上或事实上也不能继续履行合同。因此，合同已经解除，不能继续履行，遂判决驳回 A 公司的诉讼请求。

2. 二审判决

关于《合作开发协议书》是否解除的问题。某学校所主张的政府拟对合作开发的土地重新拍卖、无法履行合作协议的解除合同的理由，并非合同约定的可以解除合同的条件，也不属于《合同法》第 94 条可以行使法定解除权的情形。《中华人民共和国合

---

① 详可参见最高人民法院（2013）民一终字第 18 号民事判决书，《最高人民法院公报》2014 年第 10 期案例。

同法》第 96 条和《合同法解释（二）》第 24 条关于合同的约定解除和法定解除权利行使方式和期限的规定，不能适用于本案某学校通知解除合同的情形。某学校以《解除通知》通知 A 公司解除合同的行为，不发生解除合同的效力。一审判决根据《中华人民共和国合同法》第 96 条和《合同法解释（二）》第 24 条的规定认定《合作开发协议书》已经解除，适用法律错误，二审法院予以纠正。

二、以案说法

本案的争议焦点是涉案《合作开发协议书》是否因某学校发出《解除通知》而解除？某学校发出的《解除通知》是否因 A 公司没有在通知到达之日起 3 个月内提出异议而发生解除合同的法律效果？对该问题的回答，涉及对《中华人民共和国合同法》第 96 条第 1 款（《中华人民共和国民法典》第 565 条）与《合同法解释（二）》第 24 条（《中华人民共和国民法典》第 565 条第 1 款）关于解除通知和解除异议规定的理解。有两种不同的观点：

一种观点认为，在约定的异议期限或法定的 3 个月期限届满后收到解除通知的一方才提出异议的，则无论发出解除通知的一方其解除权是否合法成立，均发生合同解除的效果。《合同法解释（二）》起草者认为，受解约方在异议期间没有起诉行使异议权，无论解约方是否享有解除权，合同都在解除通知到达时解除。在相对人未在约定或法定的异议期间内提出异议之情形，法院仅需对此形式审查，一旦发现存在逾期的情形，即可驳回相对人的异议，而不必就解除权是否成立做实体审查。

另一种观点认为，发出解除通知一方行使的合同解除权仅是程序性的形成诉权，不一定就是实体性的形成权，对该解除权存在与否，裁判机关需要进行实质审查，是否属于《中华人民共和国合同法》第 96 条第 1 款（《中华人民共和国民法典》第 565 条）与《合同法解释（二）》第 24 条（《中华人民共和国民法典》第565 条第 1 款）规定的合同解除权，不能仅凭相对人未在约定或法定的异议期间内提出异议的事实，就径行认定发出解除通知即可发生解除合同的法律效果。本案中，二审法院在审查某学校的解除主张既不符合约定解除条件亦不符合法定解除条件后，认定某学校的解除权不成立，不符合《中华人民共和国合同法》第 96条第 1 款与《合同法解释（二）》第 24 条的规定。最高人民法院在本案判决之后不久，还专门作出"对《最高人民法院关于适用〈中华人民共和国合同法〉若干问题的解释（二）》第 24 条理解与适用的请示的答复"，要求通知解除合同须以具备法定或约定解除权为前提，重申了本案的裁判观点。

综上所述，本案中某学校所主张的达州市政府拟对合作开发的土地重新拍卖、无法履行合作协议的解除合同的理由，不符合《合作开发协议书》约定可以解除合同的条件，也不属于某学校可以依据《中华人民共和国合同法》第 94 条的规定行使法定解除权的情形。因此，《合同法解释（二）》第 24 条关于解除权人有权依据约定解除权或者法定解除权发出解除通知以及对方当事人收到解除通知后应当在相应期限内提出解除异议的规定，不能适用于本案的情形，涉案《合作开发协议书》不因 A 公司没有在《解除通知》到达之日起 3 个月内提出异议而发生解除的法律效果。

三、专家建议

由于解除异议制度在适用范围上仅限于解除权合法成立的情形，所以解除异议制度在价值上和逻辑上多有舛误，对于收到解除通知的一方来说没有实质意义。这是因为，在解约方通知解除时，该主张无非有两种情况：要么成立，要么不成立。当解约方的解除权合法成立时，即使相对方提出异议，也无法阻却解除权行使的效果。而在解约方的解除权并未合法成立时，即便相对方未依法提起异议（如本案中 A 公司未予回应的不作为行为），也不会对其产生不利的后果，因为发出解除通知的一方并没有合同解除权。在此结果引导下，收到解除通知的一方所选择的行为模式必然是——无论解约方的解除权是否合法成立，其均无须提出异议。

四、关联法条

《中华人民共和国合同法》第 93 条（《中华人民共和国民法典》第 562 条）、第 94 条（《中华人民共和国民法典》第 563 条第 1 款）、第 96 条（《中华人民共和国民法典》第 565 条）；《最高人民法院关于适用〈中华人民共和国合同法〉若干问题的解释（二）》第 24 条（《民法典》第 565 条第 1 款）；《最高人民法院关于印发〈全国法院民商事审判工作会议纪要〉的通知》（2019 年 11 月 8 日 法〔2019〕254 号）第 46 条。

下篇　典型合同纠纷

一、买卖合同纠纷

商品房断供，开发商可以解约吗

买卖合同是出卖人转移标的物的所有权给买受人，买受人支付价款的合同。一般消费者购房时付款方式会采取首付加银行按揭的方式，因此在商品房买卖合同中会涉及购房者、开发商、银行三方关系。购房者向开发商支付首付款，与银行签订贷款合同后，银行将贷款部分款项支付给开发商。此种情况下，开发商取得了全部款项，购房者为完全取得商品房，应逐月向银行还贷。一旦购房者"断供"，银行向开发商已支付的贷款无法全部兑现，而开发商既然已经取得了全部款项，是否可以与购房者解约呢？

一、案例简介

（一）基本案情

2018年12月20日，原告株洲某开发商与被告钱某、颜某签订一份《商品房买卖合同（预售）》并网签备案，该合同约定付款方式和付款期限为首付款加银行按揭付款，约定钱某、颜某未能按期还款的，导致开发商根据贷款银行要求承担担保责任的，开发商有权要求被告钱某、颜某承担相关全部费用、合同总金额（93万余元）20%的违约金以及解除合同的权利。上述合同签订后，2018 年 12 月 28 日，第三人农业银行某分行、被告钱某、颜某，原告株洲某开发商共同签署了《个人购房担保借款合同》，原告株洲某开发商为该笔贷款提供阶段性保证和抵押，为钱某、颜某的债务承担连带保证责任。2021 年 11 月 21 日，原告株洲某开发商通过邮政快递方式向被告钱某、颜某邮寄了《断供代偿款催款函》，要求两被告于通知日期付清原告代偿的相关款项（5.8 万余元），并及时偿还后续银行按揭贷款。原告株洲某开发商因多次催要代偿款未果，遂诉至法院，请求解除商品房买卖合同，被告钱某、颜某支付合同总价款 20% 的违约金等。被告钱某、颜某缺席审理。[①]

（二）法院裁判

一审法院认为，《商品房买卖合同（预售）》《个人购房担保借款合同》系合同当事人真实意思表示，合法有效，株洲某开发商有权依照上述合同内容解除合同。另外，关于 20% 违约金的约定虽系合同约定，被告钱某、颜某应当承担相应违约责任，但法院认为约定的违约金过分高于给开发商造成的损失，故酌情调减上述违约金为 3 万元。

二、以案说法

本案的审查重点主要有两个：一是本案解除合同是否具有法律或合同依据？二是原告主张的违约金是否具有法律或合同依据？

（一）解除合同

合同解除可以分为约定解除和法定解除。合同当事人有两种

---

① 详可参见（2022）湘 0211 民初 208 号民事判决书。

约定解除的方式，一是在合同中约定一方解除合同的事由，解除合同的事由发生时，解除权人可以解除合同。二是双方就解除合同协商一致时，可以解除合同。法定解除是法律规定的解除事由发生时，拥有解除权的一方当事人可以单方面行使解除权，而无需和对方协商一致。实践中合同是否解除，由享有解除权的当事人根据实际情况自行作出判断。在本案中，被告开发商依据《商品房买卖合同（预售）》中约定的合同解除条款主张解除合同，该条款是开发商为购房者承担阶段性保证责任设置的反担保性质的条款，是平衡银行、购房者和开发商权利义务、合理控制风险的方式，并不违反法律法规强制性规定，不违背公序良俗，应当予以支持。

（二）违约金

违约责任是一方不履行合同义务或者履行合同义务不符合约定的，应当承担的违约责任。在商品房买卖合同中，一般会约定较高的违约金。但在民商事领域，在确认一方的赔偿责任时，应当遵循"可预见性原则"和"填平原则"，违约方仅就其违约行为给对方造成的损失承担赔偿责任。因此，当约定的违约金过分高于造成的损失的，人民法院或仲裁机构可以根据当事人的请求予以适当减少，以保证司法公平。在本案中，房屋总价款达93万余元，原告代被告钱某、颜某偿还银行贷款仅为5.8万余元。原告主张的合同金额20%的违约金数额明显高于其损失金额，因此，基于公平原则，一审法院酌减了违约金的金额。

三、专家建议

商品房买卖合同标的金额较大，一般购房者采取首付加银行按揭的方式来负担大额购房款。购房者在与银行签订抵押贷款合同后，银行将贷款发放至开发商。因此开发商实际已取得了该套商品房的对价款。但由于购房者还款期限长、还款不确定性大，一般在实践中银行会要求开发商对购房者承担连带保证责任，以保证银行的权利。商品房购房者应仔细衡量自身还款能力、经济水平，按期还款，以避免因"断供"造成商品房合同解除，不仅无法得到住房，还给自身带来较高金额的违约金和其他费用，使经济负担进一步增加。

四、关联法条

《中华人民共和国民法典》第 562 条、第 563 条、第 577 条、第 579 条、第 585 条、第 595 条、第 628 条。

签了商品房买卖合同，为何被认定是借贷

　　商品房作为一件大型商品，其总房款较高，是我国百姓的刚需产品，被认为是商事活动中优良的抵押物。商品房不仅能够办理不动产权登记，作为抵押财产换取融通资金，而且，在民间借贷中也被用来以房抵债或用作担保，在建设工程领域被开发商用来折抵工程款。对于商品房买卖合同，其背后的关系可能并不是买卖合同关系，而是民间借贷关系。那么，两者的关系如何区分呢？

一、案例简介

（一）基本案情

　　2016 年 10 月 20 日，威海某开发商与仇某签订了《商品房买卖合同》（现售），并为仇某办理了网签手续，向仇某开具了 234400 元的收款收据，仇某于 2016 年 10 月至 2017 年 5 月陆续向案外人陈某转账支付共计 448000 元。2018 年 5 月，该开发商破产清算，在威海中院立案，同年 9 月，仇某向该开发商申报债权共计 595190.29 元，同年 10 月，仇某又以其已购买案涉房屋为由，请求威海火炬高技术产业开发区人民法院确认其对该开发商享有优先受偿债权。后法院以仇某应向破产管理人申报债权为由，裁定驳回起诉。2021 年 6 月，威海火炬高技术产业开发区人民法院确认包括仇某上述债权在内的 523 笔债权。另经法院查明，2005

年 5 月，该开发商与徐某就案涉房屋已签订《合作开发协议书》，约定徐某购买案涉房屋，并支付了全部购房款 228228 元，2008 年徐某正式入住案涉房屋，2018 年 6 月，威海仲裁委经徐某申请，裁决该开发商协助徐某办理案涉房屋的权属登记手续。此外，在法院受理的关于该开发商的另一房屋买卖合同纠纷一案中，该开发商法定代表人郑某自述与仇某签订《商品房买卖合同》（现售）及给仇某办理房屋网签手续系为了向仇某借钱，仇某要求只有办理网签备案才肯借钱。仇某辩称当时该开发商急于用钱，所以才将房屋低价出售[①]。

（二）法院裁判

1. 一审判决

一审法院认为，威海某开发商在先与徐某签订的《合作开发协议书》实为商品房买卖合同，合法有效，并以仇某签订《商品房买卖合同》（现售）的内容、时间、转账记录、申报债权前后不一等情况为由，认定威海某开发商与仇某签订的案涉房屋《商品房买卖合同》（现售）属于无效合同，其与仇某办理的案涉房屋网签手续，没有法律依据，依法应予解除。

2. 二审判决

二审法院结合仇某的房款并未直接交给威海某开发商、房款的数额亦与房屋买卖合同中的房款不相符等事实，认为仇某与威海某开发商之间名为买卖、实为借贷，其房屋买卖合同关系因意思表示虚假而应认定为无效，双方之间应按真实的借款关系主张权利义务。因此，二审法院维持了一审判决。

[①] 详可参见（2022）鲁 10 民终 346 号民事判决书。

二、以案说法

本案的争议焦点主要是：双方之间的法律关系是房屋买卖合同关系还是民间借贷关系？

（一）两种法律关系如何区分

区分二者之间的关系可以从两大方面判断，一是合同约定的内容。其一，双方在签署商品房买卖合同的目的是否是担保借款债权的实现。本案中原告与被告之间签订的《商品房买卖合同》实质是为原告的债权做担保，双方的真实意思并非商品房买卖。其二，关于回购条款的约定。本案中并未涉及。其三，关于商品房价格的约定。本案案涉商品房总价与被告仇某主张的债权金额差异较大，不符合常理。二是双方关于商品房买卖合同的实际履行行为。其一，购房款的支付情况。被告仇某并未向原告威海某开发商支付款项，而是支付给了他人。其二，购房款所对应的发票。因商品房买卖一般属于重大交易，买卖双方在交易过程中理应非常谨慎，开具发票是购房者维权的重要依据，本案中在商品房已网签的情况下，仇某仍然未要求开发商开具案涉房屋的发票，与常理不符。

（二）民事法律行为的效力

民事法律行为有效的三个要件分别是行为人具有相应的民事行为能力；意思表示真实；不违反法律、行政法规的强制性规定，不违背公序良俗。法律明确规定，行为人与相对人以虚假的意思表示实施的民事法律行为无效。以虚假的意思表示隐藏的民事法律行为的效力，依照有关法律规定处理。双方之间的法律关系并不以合同的名称为准，而是根据双方之间真实的意思表示确定。在本案中，根据原、被告之间签订的商品房买卖合同的细节可知，双方之间并未达成购买商品房的合意，而是通过签订商品房买卖合同这种虚假的意思表示，为双方之间真实的借贷关系提供担保。因此，二审法院明确指出，双方之间商品房买卖合同关系无效，应当依照真实的借贷关系主张权利与义务。

三、专家建议

社会实践中普遍存在以房抵债，或名为买卖实为借贷或为借贷关系提供担保的法律关系。区别民间借贷关系与商品房买卖合同关系的依据不应以合同名称来为准，而应根据双方当事人真实意思表示来认定，并根据合同约定情况、合同实际履行情况以及证据情况等综合判断。双方当事人在签订房屋买卖合同时，应当结合双方间实际的法律关系，作出正确决策，避免采用虚假的意思表示而导致民事行为无效，不仅无法保护自己的实际权利，也多花费人力、物力去处理额外的事项。

四、关联法条

《中华人民共和国民法典》第 118 条、第 119 条、第 143 条、第 146 条、第 155 条、第 157 条、第 595 条。

买完货半年才说有问题，晚了吗

随着物流的发展、交易方式的不断变化，邮寄商品便利了人们的生产生活，但同时也给交易本身提出了更为严格的要求。例如，对于商品质量的检验，是否能够在收到商品后第一时间进行检验，检验的标准如何确定，都需要交易双方事先确定，以划清双方的权利义务。

一、案例简介

（一）基本案情

2020年12月18日，华某公司与海某公司签订《购销合同》，合同约定华某公司向海某公司购买进口石膏粉（25公斤白袋包装）56吨，规格型号为白度92、细度200目、初凝时间6—8分钟；单价750元，总金额42000元。到货后，货物验收与样品一致，即认可质量，同意验收货物。付款时间为卖方收到货三日内付清全部货款。2021年3月30日，华某公司法定代表人余某签收上述货物。2021年4月8日、2021年5月17日、2021年5月20日海某公司法定代表人刘某通过微信向余某催款，余某应允付款。2021年5月26日海某催款时，余某提到白度有问题。2021年8月3日海某催款时，余某表示其有测白仪，经测白度达不到标准。后海某公司起诉至法院，要求华某公司支付货款。余某不同意刘某请求，抗辩称白度达不到客户要求，并提交江西省检验检测认证总院工业产品检验检测院于 2022 年 3 月 4 日出具的检验检测报告一份，单项结论合格；白度，实测结果 89.8。[①]

（二）法院裁判

1. 一审判决

一审法院认为，华某公司在收到货物后或者使用该货物时，可以立即发现货物的白度存在问题，但华某公司未在合同约定的时间期限内提出质量异议，现有证据不足以证明海某公司提供的货物白度不符合合同约定，因此对华某公司的抗辩不予支持。

2. 终审判决

二审法院就华某公司在收到货物及海某公司对货物质量询问时未及时提出货物质量的行为进行了论述，认为该行为属于华某公司对权利的漠视，因此对一审判决予以维持。

二、以案说法

本案的争议焦点主要有两个：一是检验货物质量的时间是什么时候？二是收货人是否应当支付货款？

（一）货物质量的检验

出卖人应当按照约定的质量要求交付标的物。当事人没有约定检验期限的，买受人应当在发现或者应当发现标的物的数量或质量不符合约定的合理期限内通知出卖人。买受人在合理期限内未通知出卖人的，视为标的物的数量或者质量符合约定。在本案中，双方当事人明确约定了货物检验的时间，但是收货人未及时检验货物。在出卖人询问后，收货人仍然未及时检验货物或提出质量问题，因此应当认定收货人未履行在合理期限内通知出卖人

---

① 详可参见（2022）粤 0705 民初 9391 号民事判决书。

的义务，应视为出卖人提供的货物质量符合要求。一审法院和二审法院对货物质量检验的期限问题作出了相同的认定。

（二）支付货款的义务

买卖合同中，出卖人具有交付标的物的义务，买受人有支付价款的义务。双方对于标的物的名称、数量、质量、价款、履行期限、履行地点和方式、包装方式、检验标准和方法、结算方式、合同使用的文字及其效力等条款应当在合同中明确约定，双方遵照执行。因履行合同产生的争议，双方经协商无法达成一致的，应当依照合同或法律规定承担相应的违约责任。比如，双方当事人对合同内容约定不明确的，就约定交付时间、交付地点、质量要求、价款、履行方式、履行费用负担又无法协商一致的，适用《中华人民共和国民法典》第511条或交易习惯。本案中双方当事人在合同中明确约定了货物的质量标准，发货人履行了交付标的物的义务，收货人如期收到石膏粉，并且就质量问题在合理期限内未提出异议，无不可抗力影响，应当依约支付货款。后收货人就石膏粉质量提出异议，但无法与发货人协商一致，应当依照合同履行。

三、专家建议

在订立买卖合同时，双方当事人应当重点关注数量、质量、价款、履行期限、履行地点和方式、包装方式、检验标准和方法、结算方式、合同使用的文字及其效力等条款。在合同履行中，注意如期履行合同义务，以维护自身的期限利益。对于在合同中明确约定了检验期限的，收货人收到货物后应当及时检验，并留存相关证据。尤其是当下网络购物发达的情况下，买家收到快递后应及时检验，以避免超过合理期限，无法退货或换货，对自身利益造成损失。

四、关联法条

《中华人民共和国民法典》第 511 条、第 577 条、第 582 条、第 595 条、第 596 条、第 615 条、第 616 条、第 617 条、第 620 条、第 621 条。

借名购车能要求办理过户吗

在现实生活中，财产权益纷争层出不穷，尤其是在物权转移过程中产生的纠纷。公众在进行财产交易时应格外谨慎，重视合同条款，确保自己的权益得到法律的保护。

一、案例简介

（一）基本案情

2006年，梁某与刘某达成口头协议，刘某以8000元的价格购买了梁某的松花江汽车一辆，并完成了交付，但一直未过户。2010年，刘某将上述车辆报废，再以梁某的名义享受了相应的补贴政策购买了一汽佳宝汽车，并变更车牌号。因享受相应补贴政策购买车辆后不满相应年限，汽车未能过户至刘某名下。2011年，北京市施行《北京市小客车数量调控暂行规定》，导致车辆一直登记在梁某名下。2013年，刘某将一汽佳宝汽车更换为一汽大众速腾小轿车，车牌号仍为×，因刘某无购车指标，仍登记在梁某名下。2022年9月16日，梁某诉至法院，要求返还诉争车辆。刘某向一审法院反诉请求：（1）要求确认刘某与梁某之间购买×汽车的合同有效；（2）要求梁某协助刘某办理车牌号为×的车辆过户手续。①

---

① 详可参见（2023）京01民终5324号民事判决书。

（二）法院裁判

1. 一审判决

一审法院认为，刘某以梁某名义购买车辆，双方成立借名购车合同关系。当事人在不具备购车资格的前提下借名购车，规避政策规定，违反机动车登记规定，构成对公共利益的损害，其行为不应受到法律保护。故法院认定双方之间的借名购车合同无效，判决刘某返还车辆。

2. 终审判决

终审法院认为：（1）刘某与梁某间车辆购买行为合法有效，本案为返还原物纠纷。（2）涉案车辆虽仍登记在梁某名下，但已经不是梁某 2006 年出售给刘某的松花江汽车，故梁某要求返还大众速腾汽车，没有事实根据及法律依据。（3）损害社会公共利益的合同无效，刘某的上述行为违反北京市机动车登记的相关规定，扰乱了车辆管理秩序，构成对北京市机动车登记管理公共利益的损害，该民事法律行为不应受到法律保护，故对刘某要求确认其与梁某之间购买大众速腾汽车的合同有效以及将梁某名下的大众速腾的车辆过户到其名下之诉讼主张，二审法院均不予支持。综上，二审法院撤销原判，驳回梁某的诉讼请求，驳回刘某的反诉请求。

二、以案说法

本案争议焦点有三：其一，刘某与梁某之间车辆买卖合同是否有效；其二，刘某是否应返还大众速腾汽车；其三，梁某名下的 × 的车辆是否可以过户给刘某。

（一）合同效力的认定

《中华人民共和国民法典》第 143 条规定：具备下列条件的民

事法律行为有效：

1. 行为人具有相应的民事行为能力；

2. 意思表示真实；

3. 不违反法律、行政法规的强制性规定，不违背公序良俗。

本案中，梁某于 2006 年以 8000 元的价格将其名下的松花江汽车出售给刘某，梁某认可刘某支付了 8000 元购车款，其将车辆交付给刘某使用，故双方之间的车辆买卖合同已履行完毕。该合同系双方当事人的真实意思表示，不违反当时的法律规定，应为有效合同。

（二）返回原物请求权的适用条件

返还原物请求权是指权利人对无权占有或侵夺其所有物的人，有权请求其返还原物的权利。《中华人民共和国民法典》第 235 条规定：无权占有不动产或者动产的，权利人可以请求返还原物。

行使返还原物请求权需满足以下条件：（1）返还原物请求权权利人为物权人。行使返还原物请求权的主体应为失去占有的所有权人、他物权人及其他依法享有权利的人。至于占有人，无论其是否为有权占有，均应依据占有请求权行使权利，而不能依返还原物请求权行使权利。（2）须有他人无权占有动产或不动产的事实。无权占有，指没有法律根据、没有合法原因地占有。一般包括两种情形：其一，占有人从占有之始就没有法律根据，如占有人占有的物是他人的盗窃物。其二，占有之始本来有法律根据，但是后来该根据消灭，如租赁他人的物，已经超过约定的期限而不返还。其三，相对人须为现在的无权占有人。所谓现在占有该物之人，是指现在仍事实上管领其物但无正当权源的人。曾经占有该物但现在没有事实上管领其物之人，即使所有人的占有关系因其人的行为而丧失，所有人也仅仅在此项行为具备侵权行为要件时，向该人请求损害赔偿，而不能对其行使返还原物请求权。

本案中，涉案车辆虽仍登记在梁某名下，但已经不是梁某2006年出售给刘某的松花江汽车，故梁某要求返还大众速腾汽车，没有事实根据及法律依据，本院不予支持。

（三）无效的民事法律行为

《中华人民共和国民法典》第144条、第146条、第153条、第154条规定了民事法律行为无效的类型。其包括：（1）无民事行为能力人独立实施的民事法律行为无效。（2）以虚假意思表示实施的民事法律行为无效。（3）恶意串通损害他人合法权益的民事法律行为无效。（4）违反强制性规定或者公序良俗的民事法律行为无效。

本案中刘某的行为违反北京市机动车登记的相关规定，扰乱了车辆管理秩序，构成对北京市机动车登记管理公共利益的损害，故其更换车辆行为不应受到法律保护，故对刘某要求确认其与梁某之间买 × 汽车的合同有效以及将梁某名下的 × 的车辆过户到其名下的诉讼主张，法院均不予支持。

三、专家建议

在处理车辆购买和所有权转移的问题时，买卖双方应格外小心谨慎。买卖双方需确保在购买车辆时完成所有必要的法律手续，包括车辆所有权的正式转移。避免因政策限制或其他原因而延迟或忽视过户手续。其次，双方保留所有交易相关的文件和证明，如购车合同、付款凭证等，以规避法律风险。了解并遵守有关机动车登记和转移的相关法律规定，以保护自己的合法权益。最后，若遇权益受损的情况，及时寻求法律专业人士的帮助，理性维权。

四、关联法条

《中华人民共和国民法典》第 143 条、第 144 条、第 146 条、第 153 条、第 154 条、第 235 条。

网购配送时间与承诺不符，能要求商家承担违约责任吗

随着网络购物的普及，消费者享受到了前所未有的便利。然而，随之而来的是新型消费纠纷的出现，这些纠纷往往围绕商品质量、服务承诺、售后保障等问题展开。特别是在大型电商平台上，消费者与商家之间的信息不对称加剧了这一问题。消费者期待透明、公平、高效的购物体验，而商家则面对着如何在激烈的市场竞争中维持信誉和客户满意度的挑战。这些挑战不仅考验着商家的诚信和责任感，也考验着现行法律体系在网络购物纠纷处理方面的适应性和有效性。

一、案例简介

（一）基本案情

2022 年 3 月 26 日，张某通过 B 电器购物 APP 购买东芝洗衣机一台，实际支付 14434.18 元，双方约定送货上门，约定配送时间为 2022 年 12 月 3 日。约定配送时间届临后，B 电器公司迟迟不送货，虽同意退还货款，但至起诉之日也并未将货款退还给张某。

在 B 电器手机应用程序中《平台客诉投诉管理规范》第 3 部分客诉补偿及赔付标准载明："（二）因订单及发货问题引起客诉，消费者索要补偿及赔付标准。发货不及时，导致消费者投诉并要求赔偿时，店铺与客户协商做相应的补偿，如店铺拒绝处理，将

由 B 电器中心介入确定赔偿金额；订单违约，商家私自取订单，被消费者投诉并要求补偿的，将按照订单实际支付金额的 30% 补偿消费者。"基于此，张某向法院提起诉讼，请求：(1) 判令 B 电器公司退还张某货款人民币 14434.18 元；(2) 判令 B 电器公司赔偿张某违约金 4330.25 元。[①]

（二）法院裁判

一审法院认为，张某和 B 电器公司的洗衣机买卖合同合法有效。履约中，B 电器公司因自身原因不能交付洗衣机并同意退还货款，张某予以接受，双方实际已解除买卖合同。张某诉请 B 电器公司退还货款，符合法律规定，应予以支持。

关于违约金问题，法院认为，张某要求 B 电器公司支付货款 30% 的价款作为违约金的依据是《平台客诉投诉管理规范》，而该份管理规范从文本的整体性内容、所处的整套协议规范的内容等可以看出，系 B 电器平台对于入驻平台商家进行管理的管理规范，而非约束 B 电器公司与消费者的相关合同，故无在案证据证明双方关于违约金曾有相关约定。根据法律规定，双方未约定违约金的，按实际损失确定赔偿责任。法院认为 B 电器公司应承担张某自约定送货而未能送货之日 2022 年 12 月 3 日起至实际退款之日止的资金占用损失，酌定以同期全国银行间同业拆借中心公布的一年期贷款市场报价利率（LPR）加计 50% 的标准计算。

综上所述，一审法院判决 B 电器公司退还张某货款 14434.18 元并支付相应逾期付款利息。

---

① 详可参见（2023）沪 0105 民初 10751 号民事判决书。

二、以案说法

本案主要涉及以下两个法律问题：其一，买卖合同的成立与解除需要满足什么条件？其二，违约情形下的责任承担与违约金计算。

（一）买卖合同的成立与解除

关于合同的成立，《中华人民共和国民法典》第143条规定：具备下列条件的民事法律行为有效：（1）行为人具有相应的民事行为能力；（2）意思表示真实；（3）不违反法律、行政法规的强制性规定，不违背公序良俗。本案中，张某与B公司的洗衣机买卖合同系双方的真实意思表示，依法成立，合法有效。

《中华人民共和国民法典》第562条、第563条、第564条规定了合同的解除条件，包括：（1）当事人协商一致或合同约定解除事由发生。（2）特定情形下，如不可抗力、主要债务不履行、迟延履行等，当事人可解除合同。（3）解除权需在法定或约定期限内行使，否则权利消灭。若无法定或约定期限，自知道或应当知道解除事由一年内或对方催告后合理期限内未行使，权利同样消灭。

本案中，B电器公司因自身原因不能交付洗衣机并同意退还货款，张某予以接受，双方实际已解除买卖合同，B电器公司应当将货款退还原告。张某诉请B电器公司退还货款，符合法律规定，法院予以支持。

（二）违约情形下的责任承担与违约金计算

《中华人民共和国民法典》第577条明确规定当事人一方不履行合同义务或者履行合同义务不符合约定的，应当承担继续履行、采取补救措施或者赔偿损失等违约责任。其中，损失赔偿是实务中最常见的违约责任形态，也是合同领域的核心问题，其计算和认定一直是司法实务中的重点和难点。

《中华人民共和国民法典》第585条规定了违约金数额的计算，当事人可以约定一方违约时应当根据违约情况向对方支付一定数额的违约金，也可以约定因违约产生的损失赔偿额的计算方法。然而，本案中无在案证据证明双方关于违约金曾有相关约定。根据《最高人民法院关于审理买卖合同纠纷案件适用法律问题的解释》第18条第4款规定：买卖合同没有约定逾期付款违约金或者该违约金的计算方法，出卖人以买受人违约为由主张赔偿逾期付款损失，违约行为发生在2019年8月19日之前的，人民法院可以中国人民银行同期同类人民币贷款基准利率为基础，参照逾期罚息利率标准计算；违约行为发生在2019年8月20日之后的，人民法院可以违约行为发生时中国人民银行授权全国银行间同业拆借中心公布的一年期贷款市场报价利率（LPR）标准为基础，加计30%—50%计算逾期付款损失。故，本案中法院综合考量被告的违约情形等，酌定以同期全国银行间同业拆借中心公布的一年期贷款市场报价利率（LPR）加计50%的标准计算。

三、专家建议

在处理购物合同纠纷时，消费者应保持警惕，尤其是在涉及大额购物和延迟交货情况下。建议消费者在购买昂贵商品时仔细阅读合同条款，特别是关于交货时间和违约责任的部分。如果遇到延迟交货或其他合同违约行为，应及时记录所有沟通，保存相关证据。遭遇违约时，可以先尝试与卖方协商解决，如果无果，可考虑法律途径维权。此外，消费者应了解相关法律规定，如必要时可寻求法律专家的帮助，以便更有效地保护自己的合法权益。

四、关联法条

《中华人民共和国民法典》第 465 条第 1 款、第 509 条第 1 款、第 562 条第 1 款、第 577 条、第 595 条；《最高人民法院关于审理买卖合同纠纷案件适用法律问题的解释》第 18 条第 4 款。

收到的商品与描述不符如何维权

随着消费者权益意识的增强，消费者对商品质量和服务的期望也水涨船高。当商品或服务未达到预期标准时，纠纷便产生。这类纠纷不仅考验商家的诚信和责任感，也挑战法律在保护消费者权益方面的有效性。

一、案情简介

（一）基本案情

2021 年 9 月，张某通过顾某了解阳光玫瑰葡萄的市场行情，顾某通过微信向其介绍了包括自己出售的货物的品质、进货价格、市场售价、货源地等信息，张某从而决定从顾某处购买案涉阳光玫瑰葡萄，并向顾某支付了货款。后案涉葡萄经运输、代卖，总计花费 72178 元。后因葡萄品质不佳，与顾某先前描述不符，张某无法卖出预计价格，仅回款 54178 元。故张某向一审法院提起诉讼，请求判令顾某赔偿其损失共计 1.8 万元。顾某辩称其仅提供代买服务，其与张某之间是委托代理关系，而非买卖合同关系。①

（二）法院裁判

1. 一审判决

一审法院结合张某、顾某二人聊天记录及收据等证据认定，

---

① 详可参见北京市第一中级人民法院（2023）京 01 民终 3013 号民事判决书。

双方构成买卖合同关系。顾某所供货物不符合质量要求，张某作为买受人有权要求顾某赔偿损失。张某主张的赔偿数额的计算公式为：72178 元（货款 62450 元 + 运费和押车费 5000 元 + 代卖费 4000 元 + 进门费 174 元 + 板车费 554 元）– 回款 54178 元 =1.8 万元。其主张的诉讼请求，有事实及法律依据，应予以支持。判决顾某赔偿张某损失 1.8 万元。

2. 终审判决

终审法院结合双方提交的证据，认为张某要求顾某赔偿损失 1.8 万元具有事实依据，一审法院对此所作处理正确，予以维持。

二、以案说法

本案的争议焦点在于双方形成的法律关系性质，以及顾某是否应承担张某的损失。

（一）买卖合同与委托合同之区分

《中华人民共和国民法典》第 595 条规定：买卖合同是出卖人转移标的物的所有权于买受人，买受人支付价款的合同。《中华人民共和国民法典》第 919 条规定：委托合同是委托人和受托人约定，由受托人处理委托人事务的合同。《中华人民共和国民法典》第 928 条规定：受托人完成委托事务的，委托人应当按照约定向其支付报酬。从上述法律规定可以看出，两者的目的与盈利方式有本质的区别。

该案中，结合双方之间的微信聊天记录及转账记录，可知双方对于标的物的名称、数量、质量、价款、履行期限、履行地点和方式、包装方式等进行商议，并具有实际履行行为，即顾某向张某交付案涉货物，张某向顾某支付价款，双方转移的是标的物所有权，且低买高卖的行为，亦更符合中间赚取差价的买卖行为而非委托，故该案双方实际上形成的是买卖合同关系。

（二）违约责任之承担

《中华人民共和国民法典》第 577 条规定：当事人一方不履行合同义务或者履行合同义务不符合约定的，应当承担继续履行、采取补救措施或者赔偿损失等违约责任。《中华人民共和国民法典》第 583 条规定：当事人一方不履行合同义务或者履行合同义务不符合约定的，在履行义务或者采取补救措施后，对方还有其他损失的，应当赔偿损失。《中华人民共和国民法典》第 584 条规定：当事人一方不履行合同义务或者履行合同义务不符合约定，造成对方损失的，损失赔偿额应当相当于因违约所造成的损失，包括合同履行后可以获得的利益；但是，不得超过违约一方订立合同时预见到或者应当预见到的因违约可能造成的损失。《中华人民共和国民法典》第 615 条规定：出卖人应当按照约定的质量要求交付标的物。出卖人提供有关标的物质量说明的，交付的标的物应当符合该说明的质量要求。《中华人民共和国民法典》第 617 条规定：出卖人交付的标的物不符合质量要求的，买受人可以依据本法第 582 条至第 584 条的规定请求承担违约责任。

该案中，双方对于案涉货物的质量达成一致。在案涉发运前，张某也多次强调质量要求，顾某也多次作出质高价优的承诺。张某于 2021 年 9 月 19 日收到货后及时向顾某提出了质量异议，并要求退货。对此，顾某表示让张某先卖，并承诺"你也不能亏，反正你认为多少合适我都能接受"。2021 年 9 月 20 日，顾某再次承认"等我到了，剩多剩少你都给我啊，你放心，我肯定处理好这个事"。根据以上情形及涉案葡萄照片等证据，顾某所供货物不符合质量要求，张某作为买受人有权要求顾某赔偿损失。张某主张的赔偿金额亦有事实及法律依据，法院予以支持。

三、专家建议

在进行商品买卖，特别是农产品买卖时，双方应明确合同条款，尤其是关于产品质量和交付时间的规定。买家在购买前应检查货物的质量，同时留存交易凭证。卖家应保证产品质量符合约定，如有质量问题应及时沟通解决。遇到纠纷时，双方应先尝试友好协商，必要时可寻求法律咨询。理性处理纠纷，避免冲动和误判，有利于维护双方合法权益并保持市场交易的良好秩序。

四、关联法条

《中华人民共和国民法典》第 577 条、第 583 条、第 584 条、第 595 条、第 615 条、第 617 条、第 919 条、第 928 条。

买到"凶宅"如何维权

"凶宅",因过往发生的悲剧事件而饱受争议,给买卖双方带来的不仅是法律上的挑战,更有心理层面的考量。在这种情况下,房产的历史透明度变得至关重要。买家需要对可能的历史负担有充分的认知,而卖家则应承担起信息披露的责任。

一、案例简介

(一)基本案情

曹某于 2022 年 2 月 7 日与彭某签订《购房合同》,约定购买彭某名下的房屋,并于当日支付定金 5 万元。后曹某发现该房屋系"凶宅",原业主亲属在该房屋卧室有自杀行为。曹某认为彭某恶意隐瞒"凶宅"的情形属于根本违约,导致双方合同目的不能实现,应当承担违约责任。遂起诉至法院,请求法院判决解除其与彭某签订的《购房合同》中的房屋买卖合同关系。并判决彭某双倍返还定金 10 万元,并支付利息(以 10 万元为基数,自 2022 年 8 月 18 日起,按全国银行间同业拆借中心公布的贷款市场报价利率计算至实际退还之日止)。彭某辩称其并未有故意隐瞒房子的真实情况。[①]

---

① 详可参见(2022)渝 0112 民初 32453 号民事判决书。

（二）法院裁判

法院认为，彭某作为案涉房屋的出卖人，应当对案涉房屋的真实情况进行了解并如实告知买受人。在案涉房屋存在自杀的情况下，彭某仍然在《购房合同》中承诺案涉房屋未发生过自杀等非正常死亡事件，存在过错。根据《购房合同》第5条关于"甲方确认该房屋未发生过自杀、他杀等非正常死亡事件。若甲方故意隐瞒真实情况，须承担相应赔偿责任，并且乙方有权解除合同"的约定，曹某有权解除合同。

根据《中华人民共和国民法典》第587条关于"收受定金的一方不履行债务或者履行债务不符合约定，致使不能实现合同目的的，应当双倍返还定金"的规定，彭某应当将曹某向其支付的定金5万元双倍返还。因法院已经支持了曹某要求彭某双倍返还定金的诉讼请求，足以弥补其包括资金占用利息等经济损失，故对于曹某要求彭某支付资金利息的诉讼请求，法院不予支持。

二、以案说法

"凶宅"一词并非法律定义，而是基于人们对非正常死亡的心理忌讳，是在日常生活中对某些房屋（尤其是住宅）的称呼。这种称谓并不影响房屋的实际居住和使用，但会对房主、居住者、邻居等相关人员造成心理上的恐惧、不安和焦虑。此外，社会对"凶宅"的普遍忌讳心理也会显著影响该房屋及其周边房产的市场价值。司法实践中，法院对于该类情况往往有以下处理方式。

（一）"凶宅"的认定

1. "凶宅"的认定必须基于事实上发生过死亡事件为前提

所谓"风水大师"推测房屋为"凶宅"、听说房屋有鬼以及环境型"凶宅"等均应排除在"凶宅"买卖合同纠纷所探讨的"凶宅"范围之外。探讨"凶宅"的认定标准应基于事实上真正发生过死亡事件为前提条件。

2. 房屋内发生的死亡事件应当为非正常死亡

房屋内发生自然死亡事件，该房屋不是"凶宅"。非正常死亡事件包括自杀、他杀、意外致死（例如火灾、一氧化碳中毒、触电身亡等）。

3. 死亡地点的限定

一般情况下，非正常死亡事件发生在房屋内，应当视为"凶宅"。但在坠楼／跳楼致死事件中，最终死亡结果虽并非在屋内，但是其死亡原因与房屋具有极强的关联性，因此在该种情况下，若坠楼／跳楼之人即时死在楼下，则该房屋亦可视为"凶宅"。但是在距离居住空间较远的场地，如非正常死亡事件发生在送往医院的途中或医院，不构成"凶宅"。

（二）"凶宅"裁判规则

在法院认定"凶宅"后往往存在两种情形，其一，法院认定该购房合同为可撤销合同；其二，法院认定该购房合同为有效合同。

在法院认定合同可撤销的条件下，司法实践对于"凶宅"类案有两种裁判规则：

1. 以出卖人没有披露房屋为"凶宅"的事实，未履行告知义务为由，认为出卖人满足《中华人民共和国民法典》第148条欺诈的规定，撤销合同。

2. 以出卖人刻意隐瞒"凶宅"事实造成买受人认识错误，满足《中华人民共和国民法典》第147条重大误解的规定，撤销合同。

在法院认定合同有效的条件下，司法实践对于"凶宅"购房案件则往往如本案，在合同有约定的情况下以出卖人违约为由解除合同，并要求出卖人承担违约责任。

综上所述，在二手房屋买卖过程中，法律规定了相应的保护措施。若买方不知情下买了"凶宅"，可以根据民法典的规定和相关法律提起诉讼，维护自己的合法权益。

三、专家建议

在房产交易中，若卖方未诚实披露重要信息，如房屋的不利历史，一旦被买方发现，不仅合同可能被解除，还可能面临赔偿买方损失的法律责任。这种情况下，卖方的不诚实行为可能导致重大的经济损失，甚至信誉受损，得不偿失。基于此，卖方应遵循诚信原则，全面披露所有相关信息。同时，买方也应进行仔细调查，以确保自己的决策基于充分的信息。这样的做法有助于保护双方的权益，避免不必要的法律纠纷和经济损失。

四、关联法条

《中华人民共和国民法典》第 147 条、第 148 条、第 587 条。

二、供用水、热力合同纠纷

水表无故多出的用水量该如何处理

生活用水是每个人、每家每户、每个企业或单位不可或缺的生活生产必用品，供水企业承担着向社会提供符合要求的生活用水的义务，同时也享有向广大用户收取水费的权利，因此供水企业应具备高度的公共服务意识与社会责任感。水表作为供水企业收取水费的计量工具，也是判断供、用水合同双方是否正确履行义务、依法享有权利的度量依据，应当准确无误。当用水人发现自用的水表存在测量不准确或者转速存在问题时有权利要求供水企业进行检测和更换，供水企业也有义务及时、积极地协助用水人进行水表的检测。

一、案例简介

（一）基本案情

2008 年以来，盐城市某制品有限公司（以下简称"某制品公司"或"某公司"）与盐城市某水务有限公司发生供水往来，日用水量在 200 吨左右。2014 年 11 月，某水务有限公司组织人员对某制品公司的水表进行了更换，更换后的水表编号为 YJ700547，在该水表使用过程中某制品公司发现水表的日用水量吨位数都在 400

多吨，有的甚至超过 500 吨。某制品公司设备部人员多次对单位内部用水管网进行了巡查，未发现异常。事后某制品公司及其单位人员多次向某水务有限公司抄表部门经理提出异议，某水务有限公司在城东水厂对水表进行了检测，检测结果为合格。2017 年 9 月 7 日，某水务有限公司为某制品公司更换了新的水表，旧水表由某水务有限公司拿走后自行委托检测。更换后的水表在使用过程中，又重新回到了日用水量 200 吨左右。在更换水表后一个月内，某制品公司多次就多收的水费返还问题向某水务有限公司提起交涉。双方协商未果，故诉至法院[①]。

（二）法院裁判

1. 一审判决

一审法院认为，某水务有限公司在收到某制品公司多次发出的公司使用的水表运行偏快、水费不正常并要求处理的函告后，采取消极态度，不按有关规定和合同约定的要求委托有资质的机构对争议水表进行鉴定检测并及时更换，导致争议水表使用长达近 3 年之久，某水务有限公司的消极行为给某制品公司造成较大的经济损失，多收取的水费应当返还。判决某自来水公司返某公司多支付的水费 725795 元。驳回某食品有限公司的其他诉讼请求。

2. 终审判决

二审法院认为上诉人某自来水公司认为争议水表计量合格，并未提供充分的证据证明，应当对多收取的水费予以返还。上诉人某自来水公司的上诉理由不能成立，故不予支持。一审判决认定事实清楚，适用法律正确，应予维持。

---

① 详可参见（2019）苏 09 民终 904 号民事判决书。

二、以案说法

本案的焦点问题是事实认定问题，且为证据的综合审查判断问题。具体而言主要为：争议水表是否存在测量用水量不准确并且偏快的问题？

（一）争议水表是否存在测量用水量不准确并且偏快的问题

人民法院应当按照法定程序，全面、客观地审核证据，依照法律规定，运用逻辑推理和日常生活经验法则，对证据有无证明力和证明力大小进行判断，并公开判断的理由和结果。对负有证明责任的当事人提供的证据，人民法院经审查并结合相关事实，确信待证事实的存在具有高度可能性的，应当认定该事实存在。

在本案中，在争议水表使用前，某公司的日用水量在200吨左右，在争议水表使用期间，日用水量增加为400吨左右，甚至有时超过500吨，该水表换掉后，日用水量又恢复到200吨左右。而在争议水表使用期间，某公司的与用水量密切相关的豆制品生产量与此前、此后相比均相差不大，故按常理，该水表存在异常。某自来水公司于2017年11月9日自行委托争议水表的生产商福州真兰水表有限公司对水表进行检测，结果为整表偏快3%。尽管该水表在检测时已使用、存放较久，但该结果也从一定程度上佐证了争议水表可能存在测量不准的问题。某公司向某自来水公司发函要求对争议水表进行检测，认为水表存有偏快、用水量明显增多的重大缺陷，之后也多次就此事与某自来水公司沟通并发函，但某自来水公司一直未予解决，导致该水表使用长达3年时间。直至2017年9月更换水表时，某自来水公司将争议水表"没收"。某公司向某自来水公司发函要求对水表进行封样，某自来水公司仍未予理睬。本案审理期间经法院询问该重要证物的去向时，某自来水公司称水表已经丢失。某自来水公司的这些敷衍、消极、回避行为，佐证了争议水表存在问题的可能性极大。综合以上因素，根据民事诉讼的证明标准，足以认定案涉水表存在测量不准、运转偏快的问题，会导致所测用水量偏大的错误结果。

（二）供用水合同

供用水合同是供水人向用水人供水，用水人支付水费的合同。供用水合同的内容一般包括供水的方式、质量、时间，用电容量、地址、性质，计量方式，电价、电费的结算方式，供用水设施的维护责任等条款。本案某自来水公司在收到某公司多次发出的公司使用的水表运转偏快、水费不正常并要求处理的函告后，采取消极态度，不按有关规定和合同约定的要求委托有资质的机构对争议水表进行鉴定检测并及时更换，导致争议水表使用长达近3年之久，根据我国法律规定，供水人应当按照国家规定的供水质量标准和约定安全供水。供水人未按照国家规定的供水质量标准和约定安全供水，造成用水人损失的，应当承担赔偿责任。本案中某自来水公司的消极行为给某公司造成较大的经济损失，多收取的水费应当返还。

三、专家建议

在供水合同关系中，供水企业在信息、技术等方面处于优势地位，用水的居民处于供水合同的被动和弱势地位，用水人不能在安装水表后就不再关注水表的状态。虽然用水人应当按照国家有关规定和与供水企业的约定及时支付水费，但绝不是盲目地根据水表的数据缴纳电费，用水人自身要根据自家用水的情况合理地估计水表的使用情况，一旦发现水表的数据与自家用水情况出现较大偏差时一定要积极主动地与供水企业联系，这样既能保障自身的权益，也有利于水资源的合理利用。

四、关联法条

《中华人民共和国民法总则》第 122 条（即《中华人民共和国民法典》第 122 条）；《中华人民共和国民法典》第 985 条、第 651 条；《中华人民共和国民事诉讼法》第 142 条；《最高人民法院关于适用〈中华人民共和国民事诉讼法〉的解释》第 90 条、第 105 条、第 108 条第 1 款。

供暖迟迟不来怎么办

温饱问题是人民生活的基本问题，天气转凉之际，供暖系统的正常使用是过好一个冬天的大前提。在供暖期间，业主和供暖公司发生纠纷，该如何解决呢？

一、案例简介

（一）基本案情

师某为某小区 B 区业主。2009 年 4 月 18 日，师某与某能源公司签订《供用热合同》，约定某能源公司为师某提供集中供暖，师某当天一次性支付全额费用。2009 年 3 月 16 日，某能源公司发出公告后开始集中供暖。2014 年 10 月 17 日，某能源公司由于政府指令热力供应企业限期关停小火电的原因发出《关于采暖停供的通知》一份。某能源公司停止供暖后，师某及其他部分业主通过网络等方式要求某能源公司继续供暖并要求对其损失予以赔偿，直到 2016 年供暖问题还未得到有效解决。某能源公司于 2016 年 8 月 5 日称可采用 RGD120 直燃机满足该小区供暖，但师某明确表示不再接受某能源公司的集体供热，而拟采用购买壁挂炉的方式自行供热，并要求某能源公司赔偿其因不能按约供暖导致师某自行供热所另花费的费用以及所造成的损失，某能源公司拒绝赔偿。双方发生纠纷后，经市区两级相关部门协调未果，师某遂起诉①。

（二）法院裁判

1. 一审判决

一审法院认为，本案系因供暖合同关系引起的纠纷，应当定性为供用热力合同纠纷。某能源公司虽然向师某提出继续供暖的方案，但因师某不认可而未能达成一致，使得师某、某能源公司之间的《供用热合同》目的已经无法实现，达到了合同解除的条件，故对于师某要求某能源公司解除合同的诉讼请求，应予以支持。师某于2016年6月6日向某能源公司提出解除合同，故师某、某能源公司之间的《供用热合同》于2016年6月6日解除。合同解除的原因系因某能源公司不能再提供供暖服务，该合同解除的结果并非师某造成，因此对于因合同解除而产生的损失，应由某能源公司承担。判决师某、某能源开发有限公司之间的《供用热合同》已于2016年6月6日解除。某能源开发有限公司向师某支付损失赔偿金19640元。

2. 终审判决

二审法院认为，某能源公司的上诉请求不能成立，应予驳回；一审判决认定事实清楚，适用法律正确，应予维持。驳回上诉，维持原判。

二、以案说法

本案的争议焦点主要有两个：一是师某、某能源公司之间的合同关系是否已经达到了解除的条件？二是某能源公司是否应当

---

① 详可参见（2017）鄂05民终666号民事判决书。

承担解除合同的损失？

（一）供用热力合同解除的条件

供用热力合同是供用人向使用人供热，使用人支付费用的合同，供用热力合同的合同目的是使得支付费用的人享受到供热服务。在本案中，师某、某能源公司签订的《供用热合同》约定由某能源公司向师某供暖，供暖时间不少于20年。自2014年10月31日起，某能源公司因宜昌市安能热电有限公司不再供应蒸汽而停止向师某供暖，某能源公司虽然向师某提出继续供暖的方案，但因师某不认可而未能达成一致，使得师某、某能源公司之间的《供用热合同》目的已经无法实现，当事人一方迟延履行债务或者有其他违约行为致使不能实现合同目的的，当事人可以解除合同，因此本案达到了合同解除的条件。师某于2016年6月6日向某能源公司提出解除合同，故师某、某能源公司之间的《供用热合同》于2016年6月6日解除。

（二）解除合同的法律后果

合同解除后，尚未履行的，终止履行；已经履行的，根据履行情况和合同性质，当事人可以请求恢复原状或者采取其他补救措施，并有权请求赔偿损失。合同因违约解除的，解除权人可以请求违约方承担违约责任，但是当事人另有约定的除外。本案中，合同解除的原因系因某能源公司不能再提供供暖服务，虽然某能源公司举证证明其不能提供供暖服务是因为宜昌市安能热电有限公司停产而无法获得蒸汽，且也准备了其他方案进行供暖并已经为此购买设备，但该合同解除的结果并非师某造成，某能源公司停止供暖虽然事出有因但是供气方停气亦为某能源公司经营过程中所可能遭遇的风险，该风险只能由某能源公司自己承担，况且，在政府关停企业时亦充分考虑到企业的实际情况并进行了相应的补偿，故不能转嫁给师某。因此某能源公司是合同的违约方，当事人一方不履行合同义务或者履行合同义务不符合约定的，应当承担继续履行、采取补救措施或者赔偿损失等违约责任。某能源公司未按照其与师某的约定履行合同义务，因此导致双方间的上述合同解除，且其不存在法定的免责事由，依法应由某能源公司承担违约责任，赔偿师某因合同解除而造成的损失。

三、专家建议

关于认定不可抗力，应当符合"不能预见、不能避免、不能克服"三大要件，具体到该案件裁判中，政府相关部门决定关停小火电是为了改善空气质量，相关企业对其采用的供暖方式对大气环境存在污染情况应当有所了解，并且有关企业有可能通过各种途径预测与获知。此外，在关停小火电等企业时，政府已通过适当方式对有关企业的损失进行了补偿或赔偿，因此法院认定政府的环境保护指令行为不能视为合同履行不能的不可抗力，本案的判决将法律上的宽泛规定细化并作出了合理的解释，旨在通过判决结果的示范意义打消相关企业钻空子的念头。

四、关联法条

《中华人民共和国合同法》（已废止）第60条、第94条第4项、第107条、第184条；《中华人民共和国民法典》第509条、第563条第4项、第577条、第656条；《最高人民法院关于民事诉讼证据的若干规定》第2条。

三、赠与合同纠纷

赠与给"第三者"的财产能否追回

当婚姻关系加入了"第三者",夫或妻一方将财产赠与"第三者",这样不仅会导致其婚姻的基础受到冲击,而且,婚姻中共同财产也会被侵害。这种情况下法律无法通过强制手段调整情感关系,但夫妻一方可以拿起法律的武器,维护属于自己的财产。夫妻在婚姻关系中,要学会用法律维护自己的合法权利。

一、案例简介

(一)基本案情

陈某与胡某系夫妻关系。胡某与何某于 2018 年初认识后,双方一直保持不正常的男女关系,2018 年 5 月至 2023 年 5 月,胡某通过微信转款、微信红包共向何某转款 191230.19 元,何某则向胡某转款 13099.52 元。2023 年 2 月,陈某知晓何某与胡某的关系后,双方发生纠纷,陈某提起本案诉讼。[①]

(二)法院裁判

1. 一审判决

一审法院认为,胡某在婚姻关系存续期间,与何某认识后双

---

① 详可参见(2023)云 25 民终 2154 号民事判决书。

方一直保持不正常的男女关系，胡某通过微信转账等方式，长期、持续、多次向何某转账的行为，属于民事主体间的赠与行为，该行为违反夫妻互相忠实的义务，属于违背公序良俗的民事法律行为，该赠与行为无效。胡某、何某主张其只是普通朋友关系，与本案查明的事实不符，不予支持；胡某、何某主张双方的转账行为属民间借贷关系，依据不足，不予支持。对胡某赠与何某的款项扣除何某向胡某的转款后，其余的178130.67元属胡某与陈某的夫妻共同财产，应由何某返还陈某。

2. 终审判决

二审法院认为，胡某与陈某婚姻关系存续期间与何某认识后，双方在微信聊天中互称"老公""夫人"，在相互来往过程中，胡某通过微信转账等方式长期、持续、多次向何某转账，可以认为胡某与何某之间属不正常男女关系。胡某在一审中虽提交由何某出具的大笔现金的借条、收条，但无银行流水和现金出入等相应证据相互印证，不能证明上述款项往来属借款，一审法院认为上述转账行为属民事主体间的赠与行为有事实根据和法律依据，应予支持。该赠与行为存在于胡某与何某夫妻关系存续期间，违反了夫妻间互相忠实的义务，属于违背公序良俗的民事法律行为，应属无效行为。一审判决认定事实清楚，适用法律正确，应予维持。

二、以案说法

本案的争议焦点主要是赠与行为是否违反公序良俗，应属无效？

（一）赠与合同

赠与具有相当的社会意义，有利于弘扬文明友善的社会主核心价值观。赠与合同是赠与人将自己的财产无偿给予受赠人，受赠人表示接受赠与的合同。赠与合同虽然是单务、无偿合同，但也需要由双方当事人一致的意思表示才能成立。如果一方有赠与意愿，而另一方无意接受赠与，赠与合同不能成立。在现实生活中，也会出现一方出于某种考虑而不愿接受对方赠与的情形，如遇此情况，赠与合同即不成立。

（二）赠与无效的认定

赠与合同虽为单务合同，系行为人自愿，但其应当符合法律中对于民事法律行为效力的规定。《中华人民共和国民法典》规定了民事法律行为无效的四种情形：一是违反法律、行政法规的强制性规定的无效，二是违反公序良俗的无效，三是当事人虚假意思表示的合同无效，四是恶意串通的合同无效。同时，《中华人民共和国民法典》规定了夫妻间的忠实义务和夫妻对共同财产的平等处理权。夫妻间相互忠诚作为普遍的道德准则，作为公序良俗被大众所熟知。《中华人民共和国民法典》关于夫妻对共同财产的平等处理权应当理解为夫或妻在处理夫妻共同财产上的权利是平等的。因日常生活需要而处理夫妻共同财产的，任何一方均有权决定；夫或妻非因日常生活需要对夫妻共同财产作出重要处理决定，夫妻双方应当平等协商，取得一致意见。本案中，胡某在婚姻关系存续期间，与何某保持不正当关系，向何某赠送大额财产，首先，在道德层面，该行为违反了一般的道德准则和社会公德，不被大众所接受；其次，在法律层面，不仅违反了夫妻间的忠实义务，也侵害了夫妻的共同财产权。因此，该行为有违公序良俗，不受法律保护，应属无效的民事法律行为。民事法律行为无效的，自始无效，当然无效。一审法院、二审法院均坚持相同的观点，并作出了相同的认定，该行为无效，属于夫妻共同财产的部分应予返还。

三、专家建议

要理性认识赠与的法律效力。在平常，应多了解与日常生活相关的且与自身权益密切相关的普法宣传，如赠与、婚姻关系、买卖合同等。即便是暂未遇到相关争议，也有利于在日常生活中防控风险，做到有备无患。例如，经过公证的赠与，具有公益、道德性质的赠与合同不得撤销，赠与人不交付赠与财产的，构成违约，如果受赠人要求这类赠与人交付赠与财产的，赠与人应当交付，否则应当依法承担违约责任。另外，在严重侵害赠与人或赠与人近亲属的合法权益等情形下，赠与人可以撤销赠与。发生赠与合同纠纷后，要主动拿起法律武器维权，寻求律师等法律专家的意见，充分保护自身的合法权益。

四、关联法条

《中华人民共和国民法典》第 153 条、第 155 条、第 657 条、第 1043 条、第 1062 条。

为讨好他人而赠与的财产能否反悔

古往今来，在婚姻关系中的夫妻共同财产受到法律保护。在婚姻关系之外的朋友关系、恋爱关系中，双方往往出于友好往来的意思表示，互赠礼物，礼尚往来，这对双方关系升温都具有加持作用。但当双方关系破裂时，若未能和平分手，相互赠与的财产往往会为双方带来争议，双方因财产纠纷诉诸法庭，平添了许多烦恼。

一、案例简介

（一）基本案情

2019年10月，何某通过"比心陪练"平台向被告马某订购"英雄联盟"竞技游戏陪玩服务，两人由此成为微信好友。起初何某通过"比心陪练"竞技游戏平台下单，由马某陪其一起玩游戏。双方熟悉后，何某未再通过"比心陪练"竞技游戏平台下单，而是直接通过微信聊天联系马某，由马某陪其一起玩游戏，何某直接通过微信转账的方式支付相应的陪玩服务费给马某。在此过程中，何某开始追求马某，在聊天记录中进行告白，在网购平台为马某购买了手表、化妆品、手袋等作为礼物。马某对告白予以拒绝，并明确告知何某不要为自己购买礼物。何某购买的礼物直接快递到马某住处，马某已签收并使用。后因马某不接受何某的追求，双方关系日渐恶化。何某认为受到马某欺骗，要求马某退还礼物金额及相关款项，并诉至法院。马某辩称该赠与基于何某自愿，请求法院予以驳回。[1]

（二）法院裁判

一审法院结合双方提供的证据认为，何某在"比心陪练"平台向马某订购"英雄联盟"竞技游戏陪玩服务，马某为何某提供了陪玩游戏服务，何某通过微信转账向马某支付陪玩服务费，系基于双方之间陪玩游戏的服务合同关系。何某通过微信转账赠与马某相应款项用于购买化妆品作为礼物，并在网购平台购买物品赠与马某，马某予以接受，双方之间形成了赠与合同关系，双方之间的行为均为自愿行为，马某不涉及诱导、欺骗行为，因此，何某对马某系一般赠与，无撤销事由，何某无权要求返还，故驳回何某的诉讼请求。

二、以案说法

本案的争议焦点主要是：何某通过微信转账向马某支付的款项以及在网购平台购买物品赠与马某所支付的款项是否应当返还？

赠与合同是赠与人将自己的财产无偿给予受赠人，受赠人表示接受赠与的合同。一般认为，赠与人在赠与财产的权利转移之前可以撤销赠与。非经法律规定或当事人同意，在赠与财产权利移转后，不得撤销。《中华人民共和国民法典》第663条对可撤销的赠与进行了列举式的规定。在本案中，何某为追求马某，向马某赠送礼物、红包，财产已经发生移转，赠与行为已发生法律效力。而何某仅因追求不成便要求撤销赠与，不符合可撤销赠与的

---

[1] 详可参见（2021）湘0302民初825号判决书。

条件，因此一审法院认定何某无权要求返还。

三、专家建议

追求者要对自己处分财产的行为负责。在头脑冷静的情况下，应审慎思考自己是否可以承担赠与给自己带来的经济成本。即便是为讨对方欢心，也需理性认识自身在负担赠与的经济成本后，自身的生活水平是否受到严重影响。无论是否能够建立朋友或情侣关系，理性的自然人都应认识到自己行为的后果。虽然在发生相关纠纷后，寻求法律途径解决是保护自身合法权益的必然之道，但也应认识到没有依据的主张并不会得到法律支持。

四、关联法条

《中华人民共和国民法典》第 658 条、第 663 条。

四、借款合同纠纷

"职业放贷人"如何认定

在现代社会，随着经济活动的日益活跃，人们对于资金的需求也在不断增长。在这个过程中，一个特殊的群体逐渐崭露头角，那就是"职业放贷人"。他们敏锐地捕捉到了市场中的商机，将自己的资金或筹集到的资金出借给有需求的人，以此赚取高额利息或收取各种服务费，俗称"放高利贷"。为维护金融安全与稳定，我国加大对非法放贷行为的打击力度，保护借款人的合法权益。

一、案例简介

（一）基本案情

某望公司与某业公司开发兰州雁滩旧货商贸城改造1号楼项目，因拆迁安置工程资金短缺，某望公司、某业公司于2016年9月3日与王某某签订了一份《三方协议》，两家公司向王某某借拆迁安置资金，某业公司偿还借款及支付资金占用费。为了确保一切顺利进行，某业公司还提供了抵押担保，并由其法定代表人代某某提供保证担保。

合同还约定，两家公司保证自协议书签署之日起60日内完成拆迁谈判并签署拆迁协议，自本协议书签署之日起90日内，某业公司取得兰州雁滩旧货商贸城改造 1 号楼项目规划许可证、开工许可证，并保证开工，某望公司协助办理。此外，合同还详述了清偿时间、担保权利义务、违约金和违约责任等细节。

合同签订后，王某某向被拆迁户及代某某支付了安置费用及资金占用费。然而，由于与部分拆迁户无法达成拆迁协议，某业公司亦未按约定取得相关拆迁施工手续，因此《三方协议》未能全面履行。于是，王某某要求某业公司及其法定代表人代某某履行还款和支付资金占用费的承诺。尽管代某某先后出具了 5 份保证书，但两家公司始终未归还欠款。王某某无奈之下，选择了法律途径。而某望公司、某业公司和代某某抗辩称，借款利息过高，并且王某某曾 3 次因放贷与他人发生司法纠纷，是一位职业放贷人，因此《三方协议》无效。①

（二）法院裁判

1. 一审判决

一审法院经过审理，发现某业公司与代某某并没有提供足够的证据来证明王某某是向社会上不特定的人群提供资金以赚取高额利息，而且证明在过去的两年里，王某某向多位不特定的人以借款或其他名义出借资金 10 次以上。因此，法院判定王某某并不属于职业放贷人，判决某业公司与代某某需要偿还借款以及资金占用费，某望公司承担连带责任。

2. 二审判决

二审法院认为，某业公司的证据不足以证明王某某出借行为具有连续性和经常性，不足以证明达到 2 年内向不特定多人以借款或其他名义出借资金 10 次以上的标准。因此认定王某某不构成

---

① 详可参见（2022）最高法民申 139 号民事裁定书。

职业放贷人，维持了某业公司与代某某偿还借款以及资金占用费，某望公司对资金占用费承担连带赔偿责任的判项。

某业公司不服，向最高人民法院申请再审。再审法院认为现有证据显示王某某在一段时间内所涉的民间借贷案件数量仅有3件，不能证明其行为具有经常性、反复性，王某某不构成职业放贷人，因此裁定驳回了某业公司的再审申请。

二、以案说法

本案的争议焦点为王某某是否为职业放贷人。

"职业放贷人"是指未经批准，以经营性为目的，通过向社会不特定对象提供资金以赚取高额利息，擅自从事经常性贷款业务的法人、非法人组织和自然人。法院主要从下列四个方面认定"职业放贷人"：

（一）"职业放贷人"没有放贷资格

合法的借贷关系受法律保护，但是未经依法取得放贷资格而从事的借贷行为不受法律保护。《中华人民共和国银行业监督管理法》第19条规定："未经国务院银行业监督管理机构批准，任何单位和个人不得设立银行业金融机构或者从事银行业金融机构的业务活动。"该强制性规定直接关系国家金融管理秩序和社会资金安全，事关社会公共利益，属于效力性强制性规定。"职业放贷人"未经批准而从事经常性放贷业务，其放贷行为因违反法律强制性规定而无效。

另按照《全国法院民商事审判工作会议纪要》〔2019〕254号的表述，同一出借人在一定期间内多次反复从事有偿民间借贷行为的，一般可以认定为是"职业放贷人"。虽然使用的是"同一出借人"概念，但实践中也可能存在"规避识别"现象，不能机械地理解"同一出借人"必须是同一公司或同一自然人。对虽非同一出借人起诉的案件，如果该出借人与其他出借人之间具有关联关系，且符合"职业放贷人"行为特征，也应认定为"职业放贷人"。常见的关联关系包括：出借人是同一单位的实际控制人、法定代表人、股东、工作人员，或者具有其他关联关系；具有亲属、朋友或其他密切关系；出借资金来源于同一个人或单位等。

（二）"职业放贷人"以营利为目的

职业放贷行为的营利性特征，究其本质，应当是指出借人以民间借贷为主要业务或者主要收入来源，而一定期间内的借贷次数只是营业性特征的其中一种表现形式。借贷金额、利息标准、借贷合同是否格式化、出借人是否公开宣传出借意愿等也是放贷行为营利性的重要考量因素。

（三）"职业放贷人"向"社会不特定对象"放贷

职业放贷人放贷对象为社会不特定对象，即借款人与出借人不存在关联关系、亲属关系等特定关系。《最高人民法院、最高人民检察院、公安部、司法部关于办理非法放贷刑事案件若干问题的意见》第4条第1款对"放贷对象的不特定性"进行了反向界定，亲友、单位内部人员等属于特定对象，从民间借贷行为的互帮互助的本质出发，向亲友、单位内部人员等出借自有资金，除利率超出法定上限外，不应当评价为无效。

（四）放贷行为具有经常性、反复性

职业放贷与民间借贷均以出借款项收取利息为行为内容，职业放贷并不是行为内容违法，而是其行为方式违法。民间借贷是自然人、法人和非法人组织之间进行的资金融通行为，具有偶发性和非经营性。未取得贷款业务经营资质的职业放贷人，其放贷行为具有经常性和经营性。《最高人民法院、最高人民检察院、公安部、司法部关于办理非法放贷刑事案件若干问题的意见》第1条第2款规定，"经常性地向社会不特定对象发放贷款"，是指2年内向不特定多人（包括单位和个人）以借款或其他名义出借资金10次以上。

本案中，王某某虽然没有放贷资质，但两家公司没有证明王某某以营利为目的，例如提供借贷金额、利息标准、借贷合同的格式化、王某某公开宣传出借意愿等方面的证据。另外，借款利率也没有超出法律规定的上限。最后，根据某业公司提供的证据显示，王某某的放贷行为不具有经常性、反复性。

三、专家建议

借款人与放贷人打交道时应提高警惕，注意规避风险。在参与民间借贷活动之前，应了解对方的背景，观察对方的业务模式，了解相关的法律法规和政策，明确自己的权利和义务。尽量选择正规的金融机构进行借贷活动。而借款人也应当注意，不公开宣传出借意愿，借贷金额、利息标准、借贷合同避免格式化，向亲友、单位内部人员外社会非特定对象提供借款的频率不应超过2年内10次，利率不应高于合同成立时的4倍LPR，否则很可能被认定为"职业放贷人"而使借款合同无效，甚至承担刑事责任。

四、关联法条

《中华人民共和国民法典》第680条第1款；《最高人民法院、最高人民检察院、公安部、司法部关于办理非法放贷刑事案件若干问题的意见》第1条；《最高人民法院关于审理民间借贷案件适用法律若干问题的规定》第13条、第18条、第25条。

金融借款中"服务费"该如何处理

　　融资一直是民营企业发展的重要部分，其中隐藏的"隐形成本"更是让企业头痛不已。在与金融机构交往的过程中，金融机构凭借优势地位，设置各种名目繁多的费用，如财务顾问费、投资（融资）顾问费、咨询费、手续费、账户托管费等，从而使企业的融资成本无形之中大幅度增加，实际融资成本高于表面上的融资成本。

一、案例简介

（一）基本案情

　　2010 年 5 月，生态公司与某行大连市分行携手合作，启动了生态园项目的固定资产贷款和银团贷款，生态公司承担了所有相关费用。在某行大连市分行的安排下，生态公司顺利与 3 家银行达成了贷款协议，总金额达 10 亿元。不久，某行大连市分行再次发挥牵头作用，与另外 2 家银行建立了合作关系，5 家参与发放贷款的银行组织成银团。生态公司与众银行共同签署了《银团贷款合同》。按照合同规定，10 亿元贷款在合同生效前的利息按照原定计算，而合同生效后，这 10 亿元贷款将正式纳入银团管理，所有的条款都将严格按照合同执行。合同签订后不久，新加入的 2 家银行如约向生态公司提供了 4.2 亿元的贷款。

　　2019 年，生态公司出现了银团贷款的实质性违约，企业重组无实质性进展。为最大限度减少银团各行信贷资金损失，银团不得不宣布贷款到期并提起诉讼，请求判令生态公司向 5 家银行偿还贷款本金及利息（含罚息和复利）。面对庞大的偿还金额，生态公司认为，在履行《银团贷款合同》的过程中，除了支付相应的利息外，他还向某行大连市分行及其下级行支付了 2670 万元的各种费用，包括银团安排费、银团律师费、3 笔银团资金监管费和 2 笔银团参加费。他们认为银行方面收取的安排费等 2670 万元而并未提供相应服务，属于变相收取利息，因此请求从贷款本息中扣减该笔费用。①

（二）法院裁判

1. 一审判决

一审法院认为生态公司没有证据证明 3 笔银团资金监管费、2 笔银团参加费的支付目的，因此不能确定 5 笔费用的不合理性。银团律师费有合同约定并已付完，与偿还贷款本息无关。银团安排费在协议中约定的服务事项不清晰，无法确认金融机构依约提供相应服务的实际情况。最后，生态公司也没有否认支付 2670 万元的意思表示是真实的，也无法证明 2670 万元超过法律和司法解释规定的利率上限，考虑到贷款发生至庭审时已有 10 年，生态公司对支付 2670 万元均未提出异议，却因违约被告才用这一理由来抗辩，因此一审法院不支持在贷款本息中扣减 2670 万元。

2. 二审判决

二审法院认为，某行大连市分行及下级行没有证据证明收取费用后提供了有关安排、资金监管等相应服务，也没有证据证明存在独立于银团贷款外的实质服务，因此收取 2670 万元具有不合

---

① 详可参见（2021）最高法民终 1057 号民事判决书。

理性，判决在贷款本息中扣减 2670 万元。

二、以案说法

《全国法院民商事审判工作会议纪要》〔2019〕254 号第 51 条明确规定，企业主张扣减服务费用类隐性成本的，除非金融机构证明服务合理且已经实际提供，否则相应费用构成"不合理收费"，可在借款本息中扣减。服务费是否构成变相利息尚未形成统一的判断标准，比较重要的考量因素大致有两个，一是分析借款综合费率（利息、罚息、服务费等之和）是否过高，二是相应的实质服务的有无。

（一）综合费率是否过高

部分裁判机构认为对金融借款中综合费率是否过高最主要的认定标准还是参考民间借贷的利率标准，认为金融借款的综合费率上限仍不应超过 24%。

案例中，一审法院除了从合同约定情况、履行情况考虑银行收取服务费的合理性，还从费率是否超过法律、司法解释规定的利率上限进行考虑，因为生态公司不能举证银团收取服务费的费率过高，因此一审法院不支持从生态公司的贷款本息中扣减 3670 万元。

（二）是否有相应的实质服务

除了对借款利率进行考虑外，还应当对金融机构实际服务情况进行查明分析，如果金融机构所提供的行业咨询、投融资咨询等服务，服务不值所收取的费用，或者收费不服务，贷款人可以请求法院在贷款本息中扣减该部分费用，包括财务顾问合同约定的服务实际未提供、服务内容无针对性、财务顾问服务没有实质性内容、服务记录造假等情形。

案例中，二审法院认为某行大连市分行及下级行没有证据证明提供了财团安排和财团资金监管的服务，银行利用其优势地位捆绑贷款强制变相收取利息或提供中间服务，背离了民法平等、自愿、公平原则，增加了实体企业负担，因此判决从生态公司的贷款本息中扣减 3670 万元。

银行收取的服务费不能一概而论，除了从费率是否过高以及相应实质服务的有无，可能还要考虑收取的服务费的时间，如若是预先收取的服务费，可能能够按照砍头息做扣本处理。因在司法实践中尚未形成统一的裁判规则，法院可能还会针对合同约定、合同履行、实际案情进行综合分析服务费是否被认定为变相利息，最终得出合适的处理方式。

三、专家建议

金融借款中，收取服务费现象较为普遍，金融机构常以保险、融资担保费、服务费等名目进行收取，此现象已成为业界"惯例"。企业在借贷关系中处于相对劣势地位，可能难以避免承担额外且不易察觉的融资成本。因此，在企业贷款过程中，应对隐性成本如服务费等保持高度警惕，加强内部管理，确保留痕备查，并提升法律意识。

四、关联法条

《中华人民共和国民法典》第 680 条第 1 款;《全国法院民商事审判工作会议纪要》第 51 条;《最高人民法院关于审理民间借贷案件适用法律若干问题的规定》第 25 条。

委托理财与民间借贷如何区别

自 2018 年 4 月 27 日，中国人民银行、银保监会、证监会、外汇局联合发布的《关于规范金融机构资产管理业务的指导意见》（以下简称《资管新规》）实施以来，我国金融市场正式开启打破刚兑的时代。在此之前，市面上的各类资管产品常存在保本保息的承诺，一些理财公司实际扮演着类似银行的角色。然而，《资管新规》的出台彻底改变了这一局面，使得资管产品回归了其本质，即管理人承担投资风险，投资者自负盈亏。尽管如此，基于熟人间信任关系而建立的民间委托理财市场仍然存在着一定的保本保息现象。事实上，类似的保底条款在司法实践中存在着被认定为无效的巨大风险。

一、案例简介

（一）基本案情

2019 年 8 月 6 日，投资人罗某某向某瀚公司投资 150 万元，双方签订了一份《投资理财协议》。协议约定了投资款专门用于垫资赎契业务，投资期限为一年，月利率 1.20%，年利率 14.4%，理财方每月 6 日将利息固定存入罗某某工商银行账户。某瀚公司还特别承诺"随借随还"，如果投资方罗某某突然有紧急资金需求，则可以在投资一年后随时撤回这笔投资资金。

一年后，罗某某因资金周转出现困难，向某瀚公司催讨借款。

但直至 2022 年 3 月 14 日，某瀚公司还有 103 万余元没有退还给罗某某。于是，罗某某向法院起诉某瀚公司，要求他们偿还这 103 万余元借款的本金及利息。而某瀚公司抗辩称，罗某某的投资是奔着某瀚公司过桥垫资业务、利润分红的目的而来，其投资的目的是让某瀚公司用其专业知识和技能对资金进行投资运作，以获得投资收益。投资理财协议中，对投资资金的用途也做了专门的约定，约定该笔投资款为垫资赎契业务专用款项，因此，无论某瀚公司作为委托理财的受托人是否向委托人承诺保本保收益，投资理财协议均应当认定为委托理财法律关系非借贷法律关系，又因为某瀚公司不具有受托投资管理业务相关资质，也未获得金融监管部门的批准登记，双方签订的《投资理财协议》应属无效，因此，某瀚公司应当承担无效理财合同的委托财产返还义务，而不是借款本金及利息偿还义务。①

（二）法院裁判

1. 一审判决

一审法院认为，《投资理财协议》名为投资、理财，但协议约定，"月利率1.20%，随借随还，按笔支付""理财方每月6日将利息固定存入罗祥政工商银行账户""如果投资方因有紧急资金需要的情况，可撤回该笔投资资金（在12个月之后）"。明显地，《投资理财协议》属于名为理财实为借贷的情形，符合民间借贷法律关系的特征，案涉纠纷属于民间借贷纠纷。因此，判决某瀚公司偿还罗某某借款 103 万余元及利息。

2. 二审判决

二审法院认为，从案涉《投资理财协议》内容看，协议明确

---

① 详可参见（2023）粤 01 民终 23916 号民事判决书。

约定每月 6 日支付"月利率 1.20%"的固定收益，且承诺"随借随还"，明显具备借款合同的典型特征。因此，二审法院认为双方当事人之间的本质法律关系为民间借贷关系，一审法院认定事实正确。

二、以案说法

本案的争议焦点为《投资理财协议》是委托理财合同还是民间借贷合同。

在合同签署过程中，当事人可能会因为对法律条款的不熟悉，导致合同名称与实际内容不一致。此外，也有一些当事人出于规避法律责任的目的，故意签订名不副实的合同。然而，根据我国司法实践，合同的名称并不会影响对其性质的认定。

委托理财与民间借贷合同不同点如下：

（一）收益与风险分配

投资的本质在于共同经营、共享收益、共担风险，其投资收益具有不确定性。理财协议中通常约定预期收益率或浮动收益率，鉴于投资的风险属性，收益是不确定的，投资可能产生收益，也可能产生亏损，具有不可预见性。而借贷的本质在于约定固定收益，到期还本付息，其不存在收益的风险问题。借贷中出借人的本金和收益是固定的，借款利息通常由双方约定，无息或者固定利率，即收益具有可预见性。

在司法实践中，就"名为理财实为借贷"案件的判定，最重要的就是审查双方当事人所签订的合同中是否涉及"保本保息固定回报条款"。"保本保息固定回报条款"，即无论被投资一方是否亏损或盈利，理财方在一定期限内还本付息，利率固定，这与投资的风险性严重不符，却符合《民法典》第 667 条对借款合同的规定："到期返还借款本金并支付利息的合同"。从案例中《投资理财协议》的约定看，罗某某的收益是采用固定回报的方式，收益具有可预见性，符合借贷关系利率固定的特征。另外协议中约定"紧急资金需要时可撤回投资"的保本条款，某瀚公司资金运用的损失由其自行承担，罗某某投入的资金不承担任何理财风险。整体上，罗某某投资的金额并不会受投资行为及资产收益情况的影响而波动，显然与真正投资行为的性质不相符。

（二）交易目的

在委托理财关系中，投资人的核心目标在于实现投资收益的最大化，而理财方则致力于获取资金以便投入理财项目中。而借贷关系中，借款人的目的是获得资金流通，出借人则期望通过资金占用获取相应的利息回报。在借贷关系中，出借人的缔约动机在于追求稳定的回报率，对于投资项目本身以及受托人的管理行为并无过多关注，委托人对于受托人的收益及分成也无预期利益。

案例中，罗某某亦不关心资金用于垫资赎契后的情况，只关注本金及固定利率的收益回收情况，该种交易预期符合借贷交易目的。同时，某瀚公司未向罗某某披露过投资资金运作、盈亏等情况，该种投资方式并不符合委托理财的交易特征，委托理财关系中，委托方对交易项目的运作及盈亏负有注意义务，所以不难看出罗某某和某瀚公司的真实意思是借贷。

"名为理财实为借贷"的合同被认定为借贷性质后，其中"投资本金"应认定为借款本金，"预期回报率"应认定为借款利息，受法律、司法解释规定的利率限制，"投资期限"应认定为借款期限。

三、专家建议

民间委托理财合同中约定"保本保息"，不合理地分配金融市场投资风险，违背市场经济基本规律，违背公序良俗和公平原则，有极大可能被认定无效。而"保本保息"条款系委托理财合同的核心条款之一，"保本保息"条款无效也将带来对"委托理财"合同性质的否定性评价。因此，投资人应当谨慎投资，防止误判投资风险，非理性地将资金投入金融市场，不断积累和放大投资风险，扰乱金融市场秩序，最终损害更广大投资者的利益。在兑付出现问题时，要尽早选择合适的方案启动维权程序，例如以借贷关系为由起诉，保全相对优质的财产，争取最大程度地挽回损失。

四、关联法条

《中华人民共和国民法典》第 919 条、第 667 条、第 927 条。

五、租赁合同纠纷

出租房甲醛超标怎么维权

租房居住是很多人的生活选择，但是部分房东或房产中介为了赚取更多的租金而将刚装修好、甲醛超标的房屋对外出租，对承租人的身体健康造成严重威胁，那么承租人应当怎么维权呢？

一、案例简介

（一）基本案情

2021年春，江某某在一家房产经纪公司租了一套房屋，签了《房屋租赁合同》。合同规定，每月租金1100元，押一付三。入住后，江某某和怀孕的妻子都开始觉得身体不适。经江苏省人民医院和东部战区总医院检查，诊断出怀孕的妻子患有慢性病，江某某怀疑这和房屋中的空气问题有关。于是，江某某使用甲醛检测试纸进行检测，结果显示甲醛超标，故江某某与房产经纪公司的业务员联系要求退租，并要求房产经纪公司配合找具有相应资质的机构进行甲醛检测。协商无果后，江某某于2021年6月自行委托专业的检测公司对房屋里的空气质量进行检测。检测报告显示室内甲醛值、总挥发性有机物值都严重超标。江某某和妻子立即搬出了租赁房屋并告知房产经纪公司且将房门钥匙邮寄交还房产经纪公司。但是，房产经纪公司不认可江某某的检测报告。在江某某起诉至法院，请求解除租赁合同后，房产经纪公司也委托了同一家检测机构对房屋内的有害气体进行了检测，结果却显示一切正常。①

（二）法院裁判

1. 一审判决

一审法院认为，出租人的核心义务是向承租人提供符合租赁用途，具有使用、收益价值的租赁物。出租人提供有害气体超标的租赁房屋，侵害了承租人以安全健康为内容的人格权，致承租人的租赁目的无法实现，故相关房屋不应用于出租，已出租房屋亦无权收取租金，承租人有权要求解除合同并退还全部款项。

房产经纪公司既不愿主动检测空气质量，也不肯配合江某某进行检测。江某某有权自行委托有资质的检测机构检测，房产经纪公司无权仅因为此系江某某单方面的检测就否定检测结果。虽然房产经纪公司提供了一份同一机构的检测报告，证明室内空气质量合格，但检测时间已是江某某入住之后的较长时间，有害气体的浓度可能随着时间、温度、通风或者治理情况慢慢减少。所以该份报告不能证明江某某居住期间的空气质量合格。一审法院遂判决解除《房屋租赁合同》，房产经纪公司退还租金、物业费、押金。

2. 二审判决

房产经纪公司不服一审判决，提起上诉，但无故缺席判决，二审法院按其撤回上诉处理，一审判决生效。

---

① 详可参见《最高人民法院公报》2022 年第 11 期第 40—43 页。

二、以案说法

房屋租赁，对于出租人而言，其核心义务就是提供的租赁物应符合租赁用途。房屋租赁合同是指出租人将租赁物交付承租人使用、收益，承租人支付租金的合同。作为承租人支付租金的对价，出租人对其提供的租赁物应承担瑕疵担保责任，具体包括质量瑕疵担保责任。

所谓"质量瑕疵担保责任"，是指出租人应担保所交付的租赁物能够为承租人依约正常使用收益。根据租赁物是否存在危及人身安全健康为标准，可将质量瑕疵分为缺陷瑕疵和一般质量瑕疵。前者指除财产利益损失外，还可能危及承租人以安全健康为内容的人格权，对该类瑕疵，承租人可随时解除租赁合同；后者指仅造成租赁物使用价值的减损，对该类瑕疵，可根据瑕疵的不同程度采取相应的救济措施，比如采取修缮、减少租金、延长租期或解除合同。

那当承租人发现出租房甲醛超标时应当如何维权？

（一）解除合同

出租房甲醛超标，将会严重影响使用人的身体健康，侵害其生命健康权，因而，仍属于质量瑕疵范围，承租人可以随时解除租赁合同。根据《中华人民共和国民法典》第 731 条规定，"租赁物危及承租人的安全或者健康的，即使承租人订立合同时明知该租赁物质量不合格，承租人仍然可以随时解除合同"，并且出租人应当将解除后的租金、燃气费等费用以及房屋押金退还租客。案例中，江某某在确认房屋甲醛超标问题后，选择了与房产经纪公司解除合同。江某某及时与房产经纪公司沟通问题，进行专业检测，并保存证据，最终法院支持了其解除合同并返还租金、物业费、押金的主张。

（二）退还部分租金

因房东提供的房屋不符合正常居住条件，已构成违约，但租客在合同存续期间仍获得部分居住使用利益。因此，在一些案例当中，所返还的租金可能还会综合考虑室内空气质量不合格的程度、租客实际遭受的损害后果、居住时间的长短、租客的年龄及健康状况等因素酌情判定。

（三）赔付约定的违约金

违约方支付违约金以双方合同有明确约定为前提。若租赁合同不包含空气质量问题的违约金条款，则租客不能以室内空气质量不合格为由要求出租人支付违约金。

三、专家建议

出租房空气质量不合格问题一直以来都较为隐蔽，在承租人看房时，或双方交接房屋时一般很难发现。因此，承租人在租赁房屋后，如果发现房屋存在质量问题，应第一时间向出租人提出异议，及时沟通、协商并保存相关证据。在这个过程中，承租人可以要求出租人配合解决问题，必要时可以进行专业的质量鉴定并尽可能通知出租人或其他相关人员到场，以便于现场了解情况。通过这样的方式，既可以维护自己的合法权益，也有助于促进房屋租赁市场的健康发展。同时，出租人也应正视房屋质量问题，积极配合承租人解决，共同营造一个公平、和谐的租赁环境。

四、关联法条

《中华人民共和国民法典》第 708 条、第 562 条、第 577 条、第 731 条。

承租人能获得拆迁补偿吗

我国房屋拆迁补偿问题一直备受关注。有时候，房子还在租赁期间，拆迁部门可能就需要进行拆迁，并向被征收人支付一笔补偿款。这种情况下，承租人的权益该如何保障呢？根据我国相关法律法规，拆迁补偿的对象主要是房屋的所有权人，也就是出租人。但实践中，承租人在租赁期间遇到房屋拆迁时，也可以争取一定的补偿。这就需要追溯到租赁合同中的相关条款。在此过程中，承租人应保持理智，积极沟通，确保自身权益得到保障。

一、案例简介

（一）基本案情

2021年1月，A公司承租一处厂房，并且在合同中约定租期3年，如因城市规划建设等需要拆除租赁物，A公司应当积极配合，搬迁及装修等费用归A公司所有，出租人退还未到期的租金而不再另行赔偿和补偿。签订合同后，A公司进驻厂房正式投入使用。

2021年8月起，因土地储备需要，镇政府即委托评估机构对A公司的设备和涉案房屋进行评估，其中A公司机器设备评估价值54.17万元。2022年6月24日，出租人要求A公司尽快搬走，并承诺搬迁期间不再收取租金。但后来出租人想要获得全部的政府补偿，又于7月27日以A公司迟延交付租金构成违约为由解除租赁合同。A公司交还涉案房屋，并向法院提起诉讼，请求出租人支付约定的搬迁和停产损失，并返还押金。①

（二）法院裁判

1. 一审判决

一审法院认为，2022 年 6 月 24 日出租人要求 A 公司尽快搬走，并承诺搬迁期间不再收取租金，双方就租金形成了新的合意。7 月 27 日，出租人单方解除合同时所依据的合同条款已经被双方新的合意所取代，因此解除合同无效。

双方在合同中约定"A 公司应当享有的搬迁及装修等费用归 A 公司所有"，A 公司搬迁过程中必然产生停产损失，属于"搬迁及装修等费用"的范围，因此，一审法院综合 A 公司租赁的车间面积和办公用房面积、租赁期限的长短和已经履行完毕的租期，酌定出租人需支付 A 公司设备补偿和停产补偿共计 70 万元，并返还押金。

2. 二审判决

二审法院认为，设备搬迁损失的 54.17 万元符合合同约定，且该补偿是镇政府基于土地收储给予承租人的补偿，填补实际损失。租赁合同未对停产停业损失分配有明确约定，根据政府的相关文件，结合停产停业损失补偿的性质及用途，政府给予的停产停业补偿中 3% 应属于出租人，另 5% 属于 A 公司。二审法院认定原判正确，遂驳回出租人的上诉请求，维持原判。

二、以案说法

本案主要的争议焦点为政府征收土地使用权时，房随地走，地上房屋的承租人是否能主张搬迁补偿。

---

① 详可参见（2023）苏 02 民终 278 号民事判决书。

（一）一般情形下，承租人不能直接向征收人请求补偿

现行法律规定下，被征收人仅指征收房屋所有权人，《国有土地上房屋征收与补偿条例》中也未出现对承租人权益保护的条款，因此征收部门原则上仅与所有权人洽谈征收补偿事宜。

从最高人民法院及北京市、广东省各级地方法院的司法实践来看，征收人明知承租人的存在但未与房屋所有权人或者承租人达成任何补偿安排，或者承租人因征收行为遭受实际经济损失（如装修损失、停产停业损失等），房屋承租人有权以自己名义提起行政诉讼，主张上述独立的补偿利益。

（二）通常情况下，承租人可向出租人请求补偿

至于承租人的权益，通常通过房屋租赁合同诉讼解决所租赁房屋上的添附以及因征收而造成的停产停业损失的补偿或赔偿问题。政府给予房屋所有权人的征收补偿包括房屋价值补偿、搬迁及临时安置补偿、停产停业的损失补偿、搬迁奖励等其他补偿，其中搬迁及临时安置补偿、停产停业的损失补偿都与承租人相关。

有些当事人会将拆迁/征收补偿条款写进租赁合同中，承租人可获得多少房屋价值补偿、搬迁及临时安置补偿、停产停业的损失补偿，通常从其约定。有些案例中租赁合同明确约定承租人无权享受征收/拆迁补偿，政府征收/拆迁时承租人只能无条件搬离[①]。本案例当中，A公司与出租人在租赁合同中明确搬迁及装修等费用归A公司所有，因此一、二审法院均支持了A公司的设备补偿和停产补偿。

有些当事人并没有将拆迁/征收补偿条款写进租赁合同中，法院原则上予以支持搬迁及临时安置补偿、停产停业的损失补偿，

[①] 详可参见（2022）苏08民终3532号民事判决书。

但是也需要结合实际情况以及相关政策性文件的规定来确定具体金额，而腾空让房奖励则不予支持。

三、专家建议

对于经营性房屋的承租人，我们建议在签订租赁合同时，应与出租人明确约定可能涉及的征迁补偿问题。在此过程中，承租人应密切关注房屋拆迁的动态情况，并在相关拆迁安置补偿公告发布后，及时与拆迁部门或出租人进行协商，以便根据协商结果采取相应的应对措施，保障承租人的合法权益。

四、关联法条

《中华人民共和国民法典》第 722 条；《国有土地上房屋征收与补偿条例》第 2 条、第 17 条。

六、融资租赁合同纠纷

莫把"贷款买车"变成"融资租车"

有些消费者在购车时为了方便，选择"分期支付"的方式。但由于不熟悉金融产品的细节，也未注意合同的具体明细，却在销售的指引下迅速签订了一揽子合同。等到产生纠纷时，才发现车子并不是自己的，而是租赁公司的。消费者不仅没能实现买车的初衷，还多花了冤枉钱。

一、案例简介

（一）基本案情

2016 年 12 月 27 日，张某夫妇前往一家 6S 店，计划通过贷款方式购买汽车。在销售人员的引导下，张某与某汽车销售服务公司（以下简称销售商）签订了一份《销售合同》，约定购车款支付方式为贷款 90 万元，期限为 5 年。张某在合同签署后，支付了 384937 元作为部分购车款项。

2017 年 1 月 10 日，销售人员利用张某夫妇对车贷业务的不熟悉，为张某办理了"以租代购"业务，并刻意回避合同性质。张某未仔细审阅便签署了一系列文件，包括付款指示函、扣款委托书以及《融资租赁合同（回租）》。合同中约定融资金额为 90 万元，承租人张某需每月 10 日支付租金至某融资租赁公司（以下简称出租人）指定账户，而张某先前支付的 384937 元部分购车款项则被用于抵扣保证金、手续费及前三个月的租金等费用。在张某签署文件的过程中，销售人员进行了全程录像。

在签署上述合同后，销售商将车辆登记在出租人相关人员名下，出租人再将车辆交付给张某使用，并且每月从张某的账户中划扣租金。事实上，张某应当支付的租金总额要高于其向银行贷款后应当偿还的本息。不久，张某发现车辆登记在他人名下，以及车辆为改装车等问题。在多次与销售商沟通未果后，张某向媒体求助，并向法院提起诉讼，请求解除融资租赁合同。[①]

（二）法院裁判

1. 一审判决

一审法院认为，融资租赁合同系张某夫妇自愿签订，合同内容不违反法律规定，不存在可撤销情形，且融资租赁合同已实际履行，因此判决驳回张某解除融资租赁合同的诉讼请求。

2. 二审判决

二审法院认为，张某并未提供证据证明某融资租赁公司在签订合同时与某汽车销售公司存在恶意串通行为，致使张某违背其真实意思签订《融资租赁合同（回租）》。且该合同已经履行完毕，遂判决驳回上诉，维持原判。

二、以案说法

贷款买车时销售人员常常会协助办理贷款或者办理融资租赁，而有些消费者不清楚这两者的区别，也不知道每月向何人交款，

---

① 详可参见（2022）辽 01 民终 4528 号民事判决书。

清偿的是什么债务，这给一些融资租赁公司看到了商机，它们通过收取贷款总额更高的租金总额获利。因此，消费者需要明确融资租车与贷款买车的区别。

（一）贷款买车

贷款一般是指消费者向银行等金融机构办理的"先从金融机构借款用来消费或清偿债务等，再由消费者后期向银行偿还本息"的业务。在贷款买车法律关系中，消费者为车辆的所有权人，占有使用车辆，从金融机构借款用于支付车款并按贷款合同约定还本付息。出卖人收到消费者从银行借的钱，并把车辆交付给消费者。即车辆的流向：销售者→消费者。车款的流向：销售者←银行←消费者按揭还款。

（二）售后回租型融资租赁

典型的融资租赁法律关系，为三方（出卖人、出租人、承租人）交易架构，包括买卖关系与租赁关系，融资与融物并存。租赁物所有权确认归于出租人，而让出租人的债权享有担保属性。

在售后回租的交易模式下，为双方交易架构，出卖人与承租人为同一人，买受人与出租人为同一人。首先，消费者从他人手中买来车辆，成为车辆所有权人，此时暂不论这笔车款是哪里来的，或者消费者有没有支付车款。然后，消费者将车辆卖给融资租赁公司，也即消费者成为出卖人，而融资租赁公司成为车辆的所有权人，并向消费者支付车款，这时候消费者就可以用这笔车款填补前面与他人交易时缺位的钱款。最后，消费者向融资租赁公司租用该车辆，定期向融资租赁公司支付租金，此时消费者为承租人，融资租赁公司为出租人。即车辆的流向：销售者→消费者→融资租赁公司→消费者使用。车款的流向：销售者←消费者←融资租赁公司←消费者按期支付租金。案例中，由汽车销售公司交付给某融资租赁公司，融资租赁公司登记车辆后再转移车辆的占有给张某，而车款实则由某融资租赁公司划给汽车销售公司，张某每月向融资租赁公司缴纳租金，张某向汽车销售公司缴纳的384937元的"部分购车款"在后来签的《融资租赁合同》中折成了租金等相关费用，是典型的售后回租型融资租赁关系。

合同签订、交钱、交车之间存在着时间差，而售后回租的交易模式下的三步骤很可能是同时进行的，形成了如下事实外观：车辆的流向：他人→（融资租赁公司）→消费者使用。车款的流向：他人←融资租赁公司←消费者按期支付租金。

（三）售后回租与贷款买车的区别

售后回租事实外观上与贷款买车极为相似，无论是支付给融资租赁公司的租金还是支付给银行的还款，在操作上也都表现为消费者定期向银行账户交钱，但法律意义上却大为不同。

贷款买车中，消费者为买受人，"他人"为出卖人。售后回租型融资租赁关系中，"他人"为前出卖人，消费者为出卖人和承租人，融资租赁公司为买受人和出租人。

贷款买车中，实际上消费者支付了购车款，而售后回租型融资租赁关系中，融资租赁公司支付了购车款。

售后回租型融资租赁关系，必须具备车辆所有权转移到融资租赁公司的一步，否则消费者与融资租赁公司间不构成融资租赁关系，而仅构成借款关系。

三、专家建议

在购车过程中，业务人员可能会采用分期、月供等词汇进行宣传，这些词汇虽然常见，但消费者需要明确贷款买车与融资租车的区别，并在购车过程中留意合同的名称以及合同的相对方，应坚持要求业务人员明确合同的性质。必要时，在签字前仔细阅读合同文本，明确自己的权利和义务。通过理性消费和谨慎决策，消费者能够更好地保障自身权益。

四、关联法条

《中华人民共和国民法典》第 667 条、第 735 条、第 739 条。

融资租赁和民间借贷如何区分

融资租赁是一种较新的融资模式，逐渐渗透到中国的汽车领域。消费者从"占据汽车所有权"属性转向"拥有汽车所有权"，从"购车行为"转变为"用车行为"，给融资租赁拓宽了更大的市场空间。但是，在融资租车兴起的同时，完善的法律体系和业务规范尚未建立起来，融资租赁合同也时常被法院认定为民间借贷，使得租赁公司与承租人间的交易丧失物权保障。

一、案例简介

（一）基本案情

2020 年 5 月 26 日，蔡某某与租赁公司签订《汽车融资租赁合同》，约定承租人向出租人以售后回租方式融资租赁车辆，蔡某某占有使用汽车，租赁公司帮蔡某某交车款等费用，蔡某某定期向租赁公司交租金。车辆在签约当天交付蔡某某。

2020 年 5 月 26 日，蔡某某与租赁公司还签订《汽车抵押合同》，约定蔡某某将登记在蔡某某名下的另一辆汽车作为抵押物，为蔡某某在汽车租赁合同项下的全部债务向租赁公司提供担保。两天后完成了抵押登记的办理。

蔡某某支付了前 4 期租金后断交租金，租赁公司遂起诉至法院，请求蔡某某支付剩余租金 102292.83 元以及迟延履行金，请求确认对抵押车辆的优先受偿权。[①]

（二）法院裁判

1. 一审判决

一审法院认为，在整个交易过程中，租赁公司仅提供资金、双方未办理车辆所有权登记过户手续，不能以公示方式明确所有权的实际归属。租赁公司无承担车辆登记至其名下的法定义务，不符合完整合法有效的车辆买卖交易形式，不存在"融物"事实，因此双方不构成融资租赁法律关系，应作借贷法律关系处理，利息参照民间借贷的利率规定。因此，判决蔡某某向租赁公司清偿本金 88445.26 元及利息，且租赁公司有权就抵押车辆拍卖、变卖所得的价款优先受偿。

2. 二审判决

二审法院认为，当事人仅是在合同中以文字约定为"售后回租"，实际车辆所有权并无让渡给租赁公司。转移车辆所有权登记是买卖环节必经的程序，只有通过所有权转移登记，租赁公司的债权才可通过公示方式获得让与担保的保障，如此双方交易才同时具备融资与融物两项内容，方能符合融资租赁合同的特征。因此，法院认定双方法律关系为蔡某某向租赁公司借购车款，并以自己的另一辆车为借款设置抵押担保。最后判决驳回上诉，维持原判。

二、以案说法

本案中法律关系的不同，直接影响了租赁公司能被支持多少钱。在融资租赁关系中，蔡某某欠租赁公司 102292.83 元以及以

---

① 详可参见（2021）粤 01 民终 16481 号民事判决书。

102292.83元为基数计算的"利息"（合同约定的迟延履行金）。租赁公司不属于金融机构，消费者向租赁公司借款则属于民间借贷。在民间借贷关系中，蔡某某欠租赁公司88445.26元及以88445.26元为基数计算的欠款利息。本案的争议焦点就在于融资租赁关系能否成立。

（一）融资租赁关系的认定

融资租赁关系兼具"融物"与"融资"属性，而借贷关系仅具有"融资"属性。因此，判定真实融资租赁关系存在的关键在于租赁物的存在及出租人对物的所有权。

根据《中华人民共和国民法典》《最高人民法院关于审理融资租赁合同纠纷案件适用法律问题的解释》等法律规定，融资租赁的认定有四个参照标准：第一，租赁物真实存在；第二，承租人占有、使用该租赁物是法律关系的核心内容之一；第三，租赁物所有权是否转移至出租人；第四，租赁物客观上存在与租金相称的价值。

（二）机动车所有权的归属

买车后需要到车管所办理登记，这是大众普遍认知的常识。很多人据此认为，车辆登记在谁的名下，车辆的所有权就是谁的。但法律上并非如此，机动车登记的目的是便于行政管理及车辆管理，不具有物权法上的公示公信力，登记车主并非物权法上的车辆所有人。根据《中华人民共和国民法典》相关规定，机动车所有权的设立和转移，自交付时发生法律效力；未经登记，不得对抗善意第三人。可见交付是机动车物权变动的生效要件，而登记仅是机动车物权变动的对抗要件。因此，对于租赁车辆权属是否转移至出租人，应当依据法律关于发生权属转让效力的规则进行判断，不能仅以租赁车辆未登记至出租人名下而否定融资租赁法律关系的成立。

融资租赁合同中的租赁物负有担保租金债权实现的功能，租赁物归出租人所有是融资租赁合同关系的重要法律特征。根据融资租赁关系，车辆首先应当交付给出租人，完成所有权转移，出租人再将车辆的占有转移给承租人，使承租人能够占有和使用车辆。案例中法院认为合同中约定的是"售后回租"，蔡某某没有向租赁公司交付车辆，租赁公司再根据合同向蔡某某转移车辆的占有，也即双方并没有完成对车辆所有权转移至出租人这一步骤。很多人认为"多此一举"，通过合同即能够说明车辆属于租赁公司，但是我们看到法院确实有这么判的，因此融资租赁公司应当保留取得车辆所有权的证据，更加严肃谨慎对待"交车"环节。

（三）认定"名租实贷"的后果

发放贷款并不是融资租赁公司的经营业务，若融资租赁公司的融资租赁合同被认定为借款合同，根据一些政府发布的法律文件，融资租赁公司因超出经营范围而可能遭受行政处罚，而两年内发放贷款10次以上，融资租赁公司将构成非法经营罪，需要面临刑事处罚。

三、专家建议

为了以防万一，融资租赁公司应将两个"交车"行为在时间及空间上分隔开，保留取得车辆所有权的证据，例如录制买卖合同签订后的交付车辆、转移车辆所有权的视频，辅以变更车管所登记等等。虽然车管所登记无关车辆的权属，但登记的变更某种程度上可以为出租人的所有权"增信"。数天后双方再签订租赁合同，出租人向承租人转移车辆的占有。但是现实生活中，很多时候出于商业原因，需要将"交车"省略或简化，这时候售后回租型融资租赁的双方可以通过合同明确约定出租人以占有改定的方式获得车辆所有权。

四、关联法条

《中华人民共和国民法典》第 225 条、第 735 条、第 737 条、第 739 条、第 745 条、第 746 条、第 748 条、第 752 条;《最高人民法院关于审理融资租赁合同纠纷案件适用法律问题的解释》第1 条。

融资租赁中出租人的权利救济有哪些

虽然在融资租赁关系中，出租人对租赁物享有所有权，但实际上出租人在租赁物实际取回、处置中处于弱势地位，其并不能自由控制支配租赁物。加上融资租赁的周期通常较长，出租人在此期间也仅能定期查看确认租赁物的状态。当承租人不配合时，出租人应该如何保障自身权益不受或少受损害成为出租人不得不面对的重要"功课"之一。

一、案例简介

（一）基本案情

2022年1月25日，黄某某与某融资租赁公司于上海市浦东新区签订《汽车融资租赁合同》一份，约定黄某某以售后回租方式融资租赁汽车一辆，融资款总额227200元，并约定了租赁期限、每期租金、逾期违约金。此外，合同中约定租赁期间，租赁车辆无论登记在出租人或承租人或承租人指定的第三方名下，租赁车辆的所有权，包括（现在或以后附属于租赁车辆的）所有零部件、替换件、更新件、附件和辅助件的所有权均属于出租人，出租人可以主张租金加速到期的救济权利等内容。

签约后，某融资租赁公司按照合同约定汇付了融资款，并将租赁车辆实际交付给黄某某使用。黄某某按期支付了第1—10期租金，但是在租赁期间内非法转让了案涉车辆，案涉租赁车辆分别于 2022 年 4 月 7 日、2022 年 4 月 20 日在车管所变更登记。①

（二）法院裁判

法院认为，租赁期间承租人处分租赁物，将对出租人的租赁物所有权和租金债权的实现均构成严重威胁，甚至可能发生受让人根据善意取得制度取得租赁物所有权的情况而使出租人租金债权的物权保障也消失殆尽，某融资租赁公司有权依照合同约定宣布租金加速到期。因此，判决黄某某支付全部未付租金 222655.51 元、逾期违约金 3067.19 元及利息、留购价款 100 元及其他应付款项。

二、以案说法

除了一般的债权救济方式，例如赔偿损失、违约金、请求继续履行等等，融资租赁合同还有 4 种特别的救济方式。

（一）请求继续支付租金

承租人占有租赁物期间，租赁物毁损、灭失的，出租人有权请求承租人继续支付租金。但租赁物毁损、灭失不可归责于当事人并且租赁物不能修复或者确定替代物时，承租人和出租人都有权利解除合同。

（二）解除融资租赁合同、收回租赁物

合同约定欠付租金则解除合同的情形，承租人发生租金逾期，经催告仍不支付的，基于意思自治原则，出租人可以请求解除合同。合同没有约定欠付租金则解除合同的情形，承租人欠付租金达到两期以上，或者数额达到全部租金 15% 以上，经催告仍不支付的，出租人可以请求解除合同。承租人违反合同约定，致使合

---

① 详可参见（2022）沪 0115 民初 75427 号民事判决书。

同目的不能实现时，出租人可以请求解除合同。融资租赁合同目的无法达成的具体情形包括：①买卖合同解除、被确认无效或者被撤销所致履行不能；②租赁物意外毁损、灭失所致履行不能；③出卖人原因所致履行不能。

（三）租金加速到期

当事人可以在合同中约定租金加速到期的适用条件，案例中某融资租赁公司与黄某某在合同中约定，黄某某只要违约，某融资租赁公司就可以主张租金加速到期。《中华人民共和国民法典》还规定承租人发生租金逾期，经出租人催告后在合理期限内仍不支付的，除了解除合同，出租人也请求承租人支付全部租金。

（四）拍卖、变卖租赁物

出租人作为租赁物的所有权人，能够对租赁物进行拍卖、变卖等处分。但同时融资租赁是一种非典型担保，出租人对租赁物的所有权是对租金的一种保障，根据《最高人民法院关于适用〈中华人民共和国民法典〉有关担保制度的解释》第63条，非典型担保的当事人未在法定的登记机构依法进行登记，该担保不具有物权效力。《中华人民共和国民法典》第745条规定出租人对租赁物享有的所有权，未经登记，不得对抗善意第三人。因此，出现两种观点：①出租人的所有权需要登记才能拍卖、变卖租赁物；②出租人的所有权不需要登记就能拍卖、变卖租赁物，除非善意第三人对租赁物享有其他权利。实践中亦没有形成统一的裁判规则，出租人所有权未进行登记或者登记不清晰的，都将存在不被支持的风险。

三、专家建议

融资租赁关系成立并进入实际履行阶段后，出租人处于相对弱势地位。但在未签署合同的前期尽调阶段,由于一般融资租赁的请求均由承租人发起,对于具体合同的拟定处于主导地位。因此,在尊重意思自治的私法世界里,出租人可以在合同中约定对自己有利的救济条款,例如案例中合同约定承租人任一违约行为发生,出租人都能行使租金加速到期的权利。其次,现实情况中租金的欠付多源于承租人偿付能力的缺失,因此尽量为融资租赁合同就其他财物或他人财产设立担保,灵活运用救济措施的搭配组合,例如实践中有出租人主张租金加速到期的同时主张拍卖、变卖租赁物,法院认为有利于更快实现出租人的债权。

四、关联法条

《中华人民共和国民法典》第 751 条、第 752 条、第 753 条、第 754 条;《最高人民法院关于审理融资租赁合同纠纷案件适用法律问题的解释》(2020 修正)第 5 条;《最高人民法院关于适用〈中华人民共和国民法典〉有关担保制度的解释》第 63 条。

七、保理合同纠纷

虚构的保理交易，由谁买单

　　保理业务是以应收账款转让为核心的综合性金融服务，作为应收账款融资的主要手段，有利于盘活企业存量资产，在促进解决中小微企业融资难问题方面发挥着重要作用，在社会整体经济发展中的作用也不容小觑。然而，金融服务必然伴随着交易风险，保理合同与基础交易合同息息相关，在防范保理业务风险时，除了注重防范金融服务本身的风险外，也应当高度重视基础交易合同中的风险对保理合同的影响。

一、案例简介

（一）基本案情

　　某销售公司作为产品供应链的核心企业，与其上游供应商某宝公司存在合作关系。2017 年 10 月 11 日，某宝公司借此与某保理公司签订《保理业务合同》，合同约定某宝公司将其向某销售公司提供商品而形成的应收账款债权转让给某保理公司。合同签订后，某保理公司与某宝公司实际发生 6 笔应收账款转让交易，某宝公司均提供了相应与某销售公司签订的《大单采购合同》。2017年 10 月 24 日，某保理公司在支付第一笔转让款前由其工作人员至江苏省南京市某销售公司办公地址办理相应《应收账款债权转让通知确认》的面签手续，由自称某销售公司工作人员的"陈某"接待，并在对供应商开放公共会议室中进行商谈，最终在相关材料上加盖了某销售公司合同专用章。后某保理公司向某宝公司先后支付了 6 笔应收账款转让保理价金共计 4 亿余元。某销售公司付款期限届满未履行付款义务，故某保理公司诉至法院，要求某销售公司支付应收账款、逾期利息等。被告某销售公司不同意原告诉请，认为基础买卖合同、公章、人员等均系伪造，请求予以驳回。另，被告请求某宝公司承担应收账款回购责任及逾期违约金。另经法院查明，某保理公司持有的《大单采购合同》《应收账款债权转让通知确认》上某销售公司合同专用章以及"某销售公司工作人员陈某"身份均系伪造。①

（二）法院裁判

一审法院经审理认为，基于债权人与债务人之间真实的应收账款而产生的基础合同是保理合同缔约的前提。在某销售公司合同专用章及"陈某"身份系伪造的情况下，涉案保理业务的基础合同并非某销售公司的真实意思，故某保理公司要求某销售公司承担《保理业务合同》约定的《大单采购合同》项下合同债务，法院不予支持。同时，虽然《保理业务合同》基础债权不真实，但并不影响《保理业务合同》的效力，某保理公司选择按照《保理业务合同》的约定向某宝公司主张回购责任，该诉请依法应得到支持。

---

① 详可参见（2018）沪 74 民初 1374 号民事判决书。

二、以案说法

本案的争议焦点主要有两个：一是涉案保理基础债权是否真实？二是《保理业务合同》的效力及某宝公司应承担的责任范围？

（一）保理合同的概念及分类

1. 保理的概念

保理合同是应收账款债权人将现有的或者将有的应收账款转让给保理人，保理人提供资金融通、应收账款管理或者催收、应收账款债务人付款担保等服务的合同。保理法律关系设计保理商与债权人、保理商与债务人之间不同的法律关系，应收账款债权人与应收账款债务人之间的基础合同是保理业务成立的前提，基础合同是应收账款债权人与应收账款债务人之间签订的具以产生应收账款的有关销售货物或是出租资产等的交易合同及其全补充或者修改文件。因此，保理合同与普通的借款合同不同。《中华人民共和国民法典》首次对保理合同进行了规定。在本案《大单采购合同》项下，某宝公司为应收账款债权人，某销售公司为应收账款债务人，双方之间存在应收账款，某保理公司就是基于此应收账款而与某宝公司签订的保理合同。由于《大单采购合同》作为基础合同是伪造的，案涉债权为虚构的，保理合同也就因此丧失了合同基础，某保理公司无法继续向某销售公司催收应收账款。但基于保理合同的相对性，某保理公司仍然可以要求某宝公司承担违约责任。

2. 保理的分类

按照保理人在债务人破产、无理拖欠或无法偿付应收账款时，是否可以向债权人反转让应收账款，或要求债权人回购应收账款或归还融资，可以将保理分为有追索权保理和无追索权保理。有追索权保理又可以叫作回购保理，顾名思义，该种保理业务下的保理人可以向应收账款债务人主张回购，保理人不承担为债务人核定信用额度和提供坏账担保的义务，仅提供包括融资在内的其他金融服务。无追索权保理，是指保理人根据债权人提供的债务人核准信用额度，在信用额度内承购债权人对债务人的应收账款并提供坏账担保责任，债务人因发生信用风险未按基础合同约定按时足额支付应收账款时，保理人不能向债权人追索，又叫作断型保理。

（二）虚构应收账款

应收账款债权人与债务人虚构应收账款作为转让标的，与保理人订立保理合同的，应收账款债务人不得以应收账款不存在为由对抗保理人，但是保理人明知虚构的除外。应收账款是虚构的，但是保理合同并非因此当然无效，虽然保理人有权以欺诈为由撤销合同，但也有权要求应收账款债权人回购。在本案中，某宝公司与某保理公司签订的保理合同是有追索权保理，某保理公司仍可以依据保理合同，向某宝公司主张回购应收账款债权，并承担合同约定的利益及相关费用。同时，由于某宝公司的虚假行为，某保理公司也可以依据合同向某宝公司主张违约金。

三、专家建议

保理是企业融资的重要渠道，在实践中存在虚构基础交易合同骗取保理融资款的行为。对于此种情况，保理商应加强对基础交易合同的法律事实的审查，不仅在形式审查方面要仔细、严谨，在实地审查上，不应走马观花，对基础交易涉及的人员、交易流水、交易记录、财务记录、授权手续等都应进行严格的审查，形成较为完善的审查系统，从而避免资金损失，维护自身权益。

四、关联法条

《中华人民共和国民法典》第 761 条、第 762 条、第 763 条、第 766 条、第 767 条、第 769 条。

应收账款债务人违约，如何救济保理人

保理业务的成立基础是基础交易合同，基础交易合同中债务人违约的风险必然会影响到保理业务的开展。保理合同的标的是现有或将有的应收账款，实践中，在签订保理合同时，应收账款往往尚未到期，而保理合同签订后的特定时间，保理商一般已经将保理融资款项支付给应收账款债权人。应收账款债务人的违约一般发生在保理融资款支付后，保理商无法取得应收账款的风险就此产生。

一、案例简介

（一）基本案情

2016 年 10 月 30 日，中某公司与上海 Q 公司签订《某工程采购合同》；2016 年 12 月 7 日，中某公司与上海 Q 公司签订《某工程（二）采购合同》，上述合同约定了上海 Q 公司对中某公司基于采购业务享有应收账款债权。2017 年 3 月 1 日，上海 Q 公司与某信托公司签订《应收账款转让及回购协议》，约定上海 Q 公司将其对中某公司的应收账款转让给某信托公司，并约定了抵押、回购条款。2017 年 3 月 2 日，某信托公司向中某公司送达《应收账款转让告知函》，要求中某公司优先、按期向其支付应付款项，中某公司在该函回执上盖章确认。2017 年 3 月 2 日，上海 Q 公司、某信托公司与中某公司签订《应收账款债务人确认及承诺函》，中某公司确认了上述协议、告知函等内容，并承诺按期付款。2018 年 6 月 19 日，上海 Q 公司、某信托公司、中某公司、华某公司与胡某签订《关于上海 Q 公司对中某公司应收账款之合作协议》，调整了付款时间节点、约定了某信托公司宣布应收账款提前到期的权利，提高了回购溢价率以及约定了胡某承担连带保证责任。后，中某公司履行了部分义务，上海 Q 公司提供了不动产抵押，上海 X 公司为上海 Q 公司提供了抵押担保，以上抵押担保均办理了登记。胡某与某信托公司签订了保证合同。后中某公司未完全履行上述合同义务，某信托公司诉至法院。①

（二）法院裁判

1. 一审判决

一审法院结合在案证据，认为中某公司违反合同约定，应当支付应收账款及迟延履行利息、违约金，上海 Q 公司在最高限额范围内承担补充支付义务，某信托公司依法对抵押房屋享有抵押权，胡某对上海 Q 公司所负债务承担连带清偿责任。

2. 终审判决

二审法院对一审法院查明事实和适用法律予以认定，驳回上诉，维持原判。

二、以案说法

本案的争议焦点主要有两个：一是中某公司作为应收账款债务人应当向保理人某信托公司支付的应收账款债权及最高限额的认定；二是上海 Q 公司作为应收账款债权人应当承担的回购责任及责任承担方式。

---

① 详可参见（2021）豫民终 18 号民事判决书。

（一）保理合同关系的建立

保理合同应收账款债权人与债务人虚构应收账款作为转让标的，与保理人订立保理合同的，应收账款债务人不得以应收账款不存在为由对抗保理人，但是保理人明知虚构的除外。在本案中，中某公司与上海 Q 公司之间的基础合同具体明确，且上海 Q 公司将其对胡某中某公司的应收账款转让给保理人某信托公司，保理人某信托公司提供融资款，上海 Q 公司到期回购该应收账款的法律关系经过了三方协议、告知函、中某公司回执的确认，因此三方成立保理合同关系，且为有追索权保理。

（二）应收账款债权的最高限额及应收账款债权人回购责任的承担

当事人约定有追索权保理的，保理人可以向应收账款债权人主张返还保理融资款本息或者回购应收账款债权，也可以向应收账款债务人主张应收账款债权。保理人向应收账款债务人主张应收账款债权，在扣除保理融资款本息和相关费用后有剩余的，剩余部分应当返还给应收账款债权人。因此，在有追索权保理业务中，某信托公司所能得到清偿的最高限额，是以其融资款本息和合同约定的相关费用为限。保理人到期未获清偿后，既可以向应收账款债权人主张权利，也可以向应收账款债务人主张权利，保理人同时向应收账款债权人和债务人主张权利的，如果合同约定承担连带责任，则可按合同约定处理；如果合同未作约定，则应按照间接给付的法理，判令应收账款债务人承担第一顺位的还款责任，应收账款债权人承担补充责任。在本案中，某信托公司可以中某公司主张，也可向上海 Q 公司主张，中某公司应当在最高限额内承担第一顺位的还款责任，上海 Q 公司应当承担补充责任。但其最高限额应为合同中约定的融资款本息和相关费用为限。

三、专家建议

保理人应当采取多种手段避免自身风险。在保理合同签订前，应与应收账款债权人协商尽可能多的担保，常见的如动产抵押担保、不动产抵押担保、股权质押担保、保证人担保等。在担保物的选择上应选择优质资产，担保时间应尽可能延长，担保范围尽可能涵盖保理融资款本息及可能产生的全部费用。对于担保方式，应当尽早完成登记以获取在先获偿的顺位。发生保理合同纠纷后，应及时采取保全措施，以保证自身资金能够得到全额清偿，同时也能够促进经济的稳定与发展。

四、关联法条

《中华人民共和国民法典》第763条、第764条、第765条、第766条;《最高人民法院关于适用〈中华人民共和国民法典〉有关担保制度的解释》第66条。

暗保理能要到款吗

暗保理，又称隐蔽型保理，其满足了商业发展中企业增加交易机会、降低违约成本、大幅提高融资效率的需求。保理商开展暗保理业务也是应时代发展而运行，但其中的商业风险更需要保理商严格把控。

一、案例简介

（一）基本案情

2014 年 4 月 5 日，定某公司与深圳某公司签订《购销合同》，约定定某公司向深圳某公司提供货物，对其享有债权。2014 年 8 月 7 日，恒某公司与定某公司签订《国内保理业务合同》，约定定某公司将其对深圳某公司的合同应收账款转让给恒某公司，恒某公司受让应收账款，向定某公司提供有追索权的暗保理融资服务。后恒某公司与夏某签订《保证合同》，约定夏某对上述保理合同承担连带责任保证担保。后恒某公司未取得应收账款，故向法院诉请清偿保理融资本金、利息及逾期利息及相关费用，定某公司、夏某未到庭参加诉讼。[①]

---

① 详可参见（2016）粤 01 民终 2661 号民事判决书。

（二）法院裁判

1. 一审判决

一审法院认为，《国内保理业务合同》《保证合同》均合法有效，双方约定的保理类型为有追索权的暗保理融资业务，恒某公司应在定某公司出现逾期不还款时行使通知权，要求深圳某公司履行付款义务。但由于恒某公司未举证证明其履行通知义务，故无权向定某公司、夏某主张归还保理融资款项，因此，驳回恒某公司的诉讼请求。

2. 终审判决

二审法院认为，根据合同约定，保理人行使追索权并非以通知应收账款债务人为前提条件，原审法院对此认定有误。另，保理人主张的违约金标准较高，二审法院依法调减，夏某应依据合同约定对定某公司的上述债务承担连带清偿责任。

二、以案说法

本案的争议焦点主要是保理人向应收账款债权人行使追索权是否以保理人向应收账款债务人行使通知权为前提条件？

（一）暗保理

根据保理人是否通知应收账款债务人，可以将保理分为明保理和暗保理。根据《中华人民共和国民法典》规定，债权转让只有在通知债务的情况下，才对债务人发生效力。暗保理业务是在不告知应收账款债务人的情况下将应收账款债权转让给应收账款债权人。即使保理人获取了应收账款，但并未通知债务人，债务人可以此拒绝向保理人支付应收账款。但是，此种业务的发展源于实践中的商业发展需求，由于一些核心企业对供应商的选择非常严格，一些现金流不足的供应商采用暗保理的方式，能够保证其现金流，从而尽可能取得或维持其在核心企业的供应商库的资格。暗保理对基础交易的审核往往更加严格，避免应收账款债务人和债权人虚构交易记录给保理人带来风险。暗保理未被法律禁止，其对于保理人的另一个风险就在于在未通知债务人的情况下，应收账款转让对债务人不发生效力。本案中，之所以未将应收账款债务人列为被告，即是出于应收账款债务人可抗辩债权转让无效的考量。

（二）行使追索权的条件

在有追索权保理中，应收账款债权人可以向应收账款债务人主张返还保理融资款本息或者回购应收账款债权，也可以向应收账款债务人主张应收账款债权。在实践中，一般保理人会向应收账款债务人发出通知，以避免债权转让后仍然向债权人履行债务。通知应当表明保理人身份并附必要凭证，以使得债务人确信债权转让的真实性。考虑到凭证的真实性确认问题，如果保理人未附必要凭证，只是进行了单独通知，债务人无法识别该通知的真实与否，转让通知对债务人不发生效力，债务人可以要求保理人提供必要的凭证，并在提供之前有权拒绝向其履行。债权转让通知只是为保护债务人利益，但在法律中并没有明确规定行使追索权需要以发出债权转让通知为前提条件。在本案中，二审法院纠正了一审法院适用法律错误的认定。基于保理合同的约定，应收账款债权人有权向应收账款债务人行使追索权或要求其回购，这是基于合同相对性的权利，并不受其他条件影响。在暗保理业务中，因应收账款债务人存在不还款的风险，保理人在签订保理合同时，更应注意对追索权及回购的相关约定，以降低自身风险。

三、专家建议

保理业务是一项高效的融资手段，在权利义务设置、对外效力等方面具有典型性。保理商在选择暗保理时，应尽可能地通过严格审查、严格约定的方式降低自身风险。比如，在保理合同签订前，重点审核应收账款债权人的交易记录、账单、财务报表，排除其虚构业务、转移财产等风险，同时，对于应收账款债务人的信用状况进行背调，必要时，可以将暗保理转为明保理，以保障自身权利，从而使保理业务得到稳定、长足发展。

四、关联法条

《中华人民共和国民法典》第 546 条、第 763 条、第 764 条、第 765 条、第 766 条。

八、承揽合同纠纷

定制产品不符合要求如何维权

在现代社会，随着个性化需求的日益增长，定制化服务成为新的趋势。从居家装饰到车辆改装，人们渴望通过个性化的选择来表达自我。然而，定制化服务具有复杂性和专业性，往往伴随着风险。在追求定制化服务时，消费者需要对服务提供方的专业能力和合规性进行充分评估，并在合同中明确双方的责任和义务，以保护自身权益，避免不必要的纠纷和损失。

一、案例简介

（一）基本案情

李某于 2019 年 11 月向段某定制了一辆房车，并支付了车款和改装费。合同内容包括车辆的购买、改装、上牌，并合规上路后交付。但是，因为车辆底盘不符合规定，改装后的车辆无法上牌。李某因此要求退还已支付的购车款和改装费共计 189800 元，并退还利息。经段某拒绝后，李某于 2022 年 5 月 13 日向法院提起诉讼，要求段某退还款项。段某辩称，该车辆是由于李某购买的货车底盘不合规才使得改装后无法完成上牌，因此责任在李某。段某基于此提起反诉，要求李某向其支付剩余未付的实际发生款项。①

（二）法院裁判

1. 一审判决

一审法院认为，本案属于承揽合同纠纷。本案中，李某根据段某的专业建议购买了车辆并支付了相应的车款和改装费用。段某在购车和改装的全过程中提供了咨询，并承诺改装后的车辆能够正式上牌。然而，李某在段某的指导下购买的是一款载货汽车底盘，该款底盘无法实现上牌，致使李某无法实现合同目的。由于段某未能履行合同的核心承诺，即确保车辆能合规上牌，法院因此裁定段某需承担相应责任。

基于以上原因，法院判决段某退还车辆改装费（共 68000 元）及相应利息。

2. 终审判决

终审法院认定一审判决认定事实清楚，适用法律正确，予以维持。

二、以案说法

本案争议焦点在于段某是否全面履行了承揽人的义务？李某在其指导下购买汽车底盘致使无法上牌的结果应由谁承担？

我国《中华人民共和国民法典》第17章对承揽合同作出了具体规定，结合法条可将承揽人义务总结为以下六点。

（1）按约定完成工作

承揽人应按合同约定的时间、方式、数量、质量完成交付的工作。这是承揽人的首要义务，也是其获得酬金应付出的对价。

---

① 详可参见（2023）粤 01 民终 8115 号民事判决书。

承揽人应以自己的设备、技术和劳力亲自完成约定的工作，未经定做人同意，承揽人不得将承揽的主要工作交由第三人完成。

（2）提供或接受原材料

完成定做所需的原材料，可以约定由承揽人提供或由定做人提供。承揽人提供原材料的，应按约定选购并接受定做人检查；定做人提供的，承揽人应及时检查，妥善保管，并不得更换材料。

（3）及时通知和保密的义务

对于定做人提供的原材料不符合约定的，或定做人提供的图纸、技术要求不合理的，应及时通知定做人。对于完成的工作，定做人要求保密的，承揽人应保守秘密，不得留存复制品或技术资料。

（4）接受监督检查

承揽人在完成工作时，应接受定做人必要的监督和检验，以保证工作符合定做人的要求。

（5）交付工作成果

承揽人完成的工作成果，应及时交付给定做人，并提交与工作成果相关的技术资料、质量证明等文件。但在定做人未按约定给付报酬或材料价款时，承揽人得留置工作成果。

（6）对工作成果的瑕疵担保

承揽人交付的工作成果应符合约定的质量，承揽人对已交付工作成果的隐蔽瑕疵及该瑕疵所造成的损害承担责任。

本案中，段某作为一名从事汽车贸易业务的专业人员，在李某将案涉车辆及车辆的相关信息资料交给其进行改装房车时，应当知晓车辆能否进行改装后通过上牌审核，但其仍收取李某的改装费用对车辆进行改装，且最终亦无法按约定向李某交付改装后通过上牌审核的车辆，故其未履行承揽人义务，无权要求李某支付车辆改装的费用，对其所收取的68000元改装费用应当退还给李某。

三、专家建议

承揽合同纠纷案件在实践中非常常见，尤其是在建筑、装修、车辆改装等领域。承揽人应充分了解行业规范，明确告知客户可能的风险和限制，确保工作成果符合约定的质量标准。同时，本案也提醒消费者在签订承揽合同时，应充分了解服务内容，并与承揽人明确约定各项条件和责任。双方充分了解并认真履行各自的义务和责任，有助于减少合同执行过程中的纠纷，确保合同目的的有效实现。

四、关联法条

《中华人民共和国民法典》第 770 条、第 775 条、第 781 条。

原材料价格上涨，对方不履行合同怎么办

对老旧住宅进行改造升级，特别是增设电梯，已成为提升居住品质的重要举措。这种改造背后，承揽合同扮演着核心角色。承揽合同，作为业主与施工方之间合作的法律保障，不仅确立了双方的权利与义务，也是应对可能出现的技术、财务和时间上的挑战的基石。然而，合同的履行过程中往往面临着诸多不可预见的变数，如成本的调整、工期的延误等。这些问题的出现往往引发双方的分歧，有时甚至导致纠纷。

一、案例简介

（一）基本案情

2020年10月16日，刘某等6位原告与A公司签订了住宅加装电梯合同，合同总金额约为40万元。原告分别于2020年11月3日和12月19日向A公司支付了总计28万元的预付款，双方约定付款后A公司马上预定原材料。A公司在合同履行过程中，以材料价格上涨为由要求增加合同价格，但原告方部分成员不同意加价，双方未能就此达成一致意见，故A公司迟迟未订购原材料。直至2021年4月19日，A公司向B公司支付了12.5万元预付款。刘某等提出诉讼请求，要求A公司退还已支付的工程款。①

---

① 详可参见（2022）浙11民终1253号民事判决书。

（二）法院判决

1. 一审判决

一审法院认为，A 公司在收到 28 万元预付款后未按合同约定订货，且未提供证据证明原材料价格上涨超过正常幅度，其行为违背了诚信原则。遂判决 A 公司需返还原告 264000 元，并驳回了原告和 A 公司的其他诉讼请求。

2. 终审判决

A 公司提出上诉，终审法院认定一审判决事实清楚，适用法律正确，因此驳回 A 公司的上诉请求，维持原判。

二、以案说法

本案的争议焦点在于 A 公司是否能以原材料价格上涨为由主张不履行或者调整合同。《中华人民共和国民法典》第 533 条明确规定了情势变更：合同成立后，合同的基础条件发生了当事人在订立合同时无法预见的、不属于商业风险的重大变化，继续履行合同对于当事人一方明显不公平的，受不利影响的当事人可以与对方重新协商；在合理期限内协商不成的，当事人可以请求人民法院或者仲裁机构变更或者解除合同。人民法院或者仲裁机构应当结合案件的实际情况，根据公平原则变更或者解除合同。

根据上述规定，"情势变更"是双方合同订立后，客观环境发生了无法预见的重大变化，导致订立合同的基础丧失或者动摇，当事人之间权利义务明显失衡，则允许通过变更或解除合同维护双方公平的一种制度。

适用"情势变更"制度，需具备如下要件：

（1）订立合同的基础条件发生了重大变化

（2）该重大变化在订立合同时无法预见

此处的无法预见是指，作为行业内的经营者尽其所能也无法预计到的情形。

（3）该重大变化不属于商业风险

商业风险是从事商事活动的固有风险，商事活动的基本准则之一即为风险自担。在司法实践中，对于商业风险范围的准确界定尚不存在明确和统一的标准，因此需要基于各案的具体情况进行综合性的判断。通常情况下，市场供求和价格波动属于常规商业风险。商事主体应预见并准备应对这些波动。仅当市场价格波动极端异常，如受政策、战争、疫情等不可抗力影响，且在合同总额中占比高时，才可能被视为超出正常商业风险。

（4）继续履行合同对一方明显不公平

"显失公平"是情势变更制度的核心要件，其要求只有在合同履行达到明显不公平的水平时才适用调整。单纯的利润下降、无利润或轻微亏损并不足以构成"明显不公平"的情况。本案中，现有证据证明 A 公司曾承诺只要刘某等方的 28 万元预付款到位，就马上订货。然而，刘某等方支付 28 万元预付款后，A 公司又以钢材、水泥都已提价为由拒不订货。由于 A 公司并未提供证据证明当时钢材、水泥等原材料价格上涨已明显超过正常幅度，且一般的市场供求变化、价格波动显然属于正常商业风险范围，交易主体应该注意和提前预判，故 A 公司收取货款后不予订货有违诚信，不适用情势变更，应退还工程款。

三、专家建议

在住宅增设电梯等装修项目中，业主应选择信誉良好、经验丰富的装修公司。签合同前，务必细读合同条款，特别注意工程费用、材料价格、施工时间和质量保证等重点内容，必要时可咨询专业律师或专家。项目进行过程中，应定期检查工程进度和质量，确保合同规定得到履行。遇到合同履行纠纷，如成本上涨等，应先尝试与施工方协商解决。如果协商无效，可以通过法律途径维权，如仲裁或诉讼。在整个过程中，保存所有相关文档，如合同、付款凭证和施工记录，以便在必要时作为证据使用。

四、关联法条

《中华人民共和国民法典》第 533 条、第 509 条、第 543 条、第 577 条、第 580 条、第 590 条、第 593 条。

未商量好条款，一方擅自履行合同怎么办

随着商业活动的日益频繁，人们对于商业合作和交易的需求日益增长。尤其是在装修和建筑行业，合作的需求尤为显著。然而，合作并非总是一帆风顺。特别是在价格谈判上，双方因为缺乏明确的沟通和共识，往往容易陷入纠纷。一方认为已达成某种协议，而另一方则可能对此存有异议。这不仅导致了经济上的损失，更可能伤害到双方的信任和合作关系。因此，明确合意、确保交易透明成了每一次商业合作的关键。

一、案例简介

（一）基本案情

2021年6月28日，刘某承租了一间店铺，并联系杨某询问关于店铺装修拆除的事宜。当天，双方在店铺见面协商拆除及垃圾清运费用，杨某提出3万元的报价。刘某认为价格过高，双方协商后降低价格至2.8万元，后又因拆除地板工作量较大杨某提出加价2000元并于当晚便开始了拆除工作，第二天刘某到店铺发现拆除已完成。双方对于是否达成拆除合意存在争议，刘某认为未同意杨某的报价和拆除行为，而杨某主张双方已达成协议。后杨某向一审法院起诉，请求判令刘某给付杨某拆除施工费3万

元。①

（二）法院判决

1. 一审判决

一审法院认为，刘某与杨某双方就拆除及垃圾清运事宜进行了协商，且次日刘某发现已拆除完毕后并未做报警处理，亦未提交证据证明其要求杨某停止拆除行为，故应认定杨某、刘某存在事实上的承揽合同关系。

关于费用的金额问题，双方均认可协商时杨某报价3万元，后降至2.8万元，而后杨某提出产生2000元的增项费用。刘某对于该笔增项费用不予认可，称拆除完毕后并未发现新的拆除内容，故对于杨某主张的2000元增项费用一审法院不予确认。结合店面的面积、需要拆除的内容以及一般市场价格，一审法院认为杨某主张的2.8万元并未超出一般市场价格，应对此予以支持。综上，一审法院判决刘某给付杨某费用共计2.8万元。

2. 终审判决

终审法院认定一审法院结合店面面积、拆除具体内容及一般市场价格等判令刘某支付杨某2.8万元费用并无不当，应予以确认。

二、以案说法

本案的争议焦点在于杨某与刘某之间是否就店面拆除及垃圾清运事宜达成意思表示一致，形成了事实上的承揽合同关系。

《中华人民共和国民法典》第490条规定：当事人采用合同书形式订立合同的，自当事人均签名、盖章或者按指印时合同成立。

---

① 详可参见（2023）京03民终2686号民事判决书。

在签名、盖章或者按指印之前，当事人一方已经履行主要义务，对方接受时，该合同成立。法律、行政法规规定或者当事人约定合同应当采用书面形式订立，当事人未采用书面形式但是一方已经履行主要义务，对方接受时，该合同成立。

根据本案查明的事实，店面系刘某承租，杨某进行了该店面的装修装饰物的拆除及垃圾清运工作。刘某主张双方洽谈后因杨某报价过高未能达成一致意见，杨某未经刘某同意即进行了拆除工作。但经查，刘某认可其电话联系杨某，双方在店面就拆除及垃圾清运事宜进行了协商，协商完毕当天杨某组织人员进行了拆除、垃圾清运，次日刘某发现已拆除完毕。刘某发现此种情况后并未做报警处理，亦未提交证据证明其要求杨某停止拆除行为，拆除行为发生后刘某的行为与其庭审中的陈述互相矛盾。刘某陈述，杨某表示在运乔建材城承租店铺必须找他拆除导致刘某产生畏惧心理，但其对此未提交相应证据予以证明，刘某的上述陈述与其发现杨某拆除后未报警的行为存在矛盾之处。

根据《中华人民共和国民法典》第490条之规定，杨某实际实施了拆除及垃圾清运行为，已履行承揽合同主要义务，且拆除后刘某并未要求杨某停止拆除行为或进行报警，故能够认定刘某同意杨某实施拆除行为，双方承揽合同成立，刘某应给付杨某承揽费用。

三、专家建议

在涉及拆除或建筑工程的合同中，建议双方在进行任何工作前明确达成书面协议。务必确保工作范围、价格及其他关键条件在合同中有详细说明，避免口头协议导致的误解和纠纷。建议在合同中注明任何额外工作的流程和费用。在工程开始前，双方应共同确认并签字。一旦出现纠纷，应优先选择和解或调解。如无法解决，保留所有相关证据，并寻求法律专家的建议，以保护自身合法权益。

四、关联法条

《中华人民共和国民法典》第 490 条、第 577 条、第 579 条。

对于承揽人工作范围内的损失，
定做人如何追偿

在承揽合同中，合同双方因意外事故和费用支付产生纠纷，导致伤亡和赔偿问题，使原本简单的承揽合同变得复杂，不仅涉及经济赔偿，还牵扯到道德和法律责任。因此，在订立承揽合同时，必须充分考虑潜在的风险，确保双方权益得到合理保护。

一、案例简介

（一）基本案情

在 2016 年 11 月，易某 1 和易某 2 口头约定，由易某 2 以自带挖机和铲车的方式承包施工作业，费用 280 元 / 小时。11 月 30 日傍晚，易某 2 送挖机至施工地点，由其雇用的司机继续施工，内容包括开挖沟槽及铺设排水管。同时，易某 1 雇用的工人朱某在沟槽内清土，遭遇沟壁土方坍塌，不幸身亡。后易某 1 与朱某家属达成调解协议，并于 2017 年 9 月 30 日支付完毕。事故后，易某 2 继续施工至 12 月。易某 2 与易某 1 妻子刘某核算后，确认剩余 4 万元未付。2020 年 1 月，易某 2 催促易某 1 支付，未果后起诉要求余款及违约金；易某 1 反诉要求易某 2 支付垫付的赔偿款 42 万元。

诉讼中法院另查明，事故发生时朱某所站的沟槽为易某 2 的挖机挖出的沟槽，有数米深，土质为疏松的黄土，易某 2 称该沟槽为头天晚上挖好的，而易某1则称该沟槽为当晚所挖，并认为土方坍塌系挖机挖沟时未放坡导致，但未提交证据证明。[1]

（二）法院判决

1. 一审判决

一审法院认为，易某1应支付易某2的24万元欠款及自2020年2月3日起的逾期付款利息。虽然易某1完成了赔偿，但不能追偿全部赔偿款。法院认为易某1和朱某家之间是劳务合同，易某1和易某2是承揽合同。事故中，易某1作为雇主和定做人，未提供安全工作环境，对事故负较大过错。易某2作为承揽人，也有过错，应承担部分赔偿责任。因此，法院裁定易某2应支付易某1 42万元赔偿中的10%，即4.2万元。

2. 终审判决

终审法院认为，易某2应对工作中给第三人造成的损害承担责任。证据显示朱某家因易某2所挖沟槽坍塌致死，易某2有过错。依据易某1和易某2的过错程度及损害事故原因，法院酌情确定易某2承担10%的赔偿责任，即4.2万元。一审判决事实清楚，法律适用正确，应维持，易某2的上诉请求被驳回。

二、以案说法

本案的争议焦点是个人劳务关系和承揽关系存在交叉的情况下产生的损害赔偿问题。如果定做人的雇员在承揽人工作范围内受到损害，定做人向其雇员承担赔偿责任后，其对承揽人是否享有追偿权？

《中华人民共和国民法典》第1192条规定：个人之间形成劳

---

[1] 详可参见（2020）湘01民终7096号民事判决书。

务关系，提供劳务一方因劳务造成他人损害的，由接受劳务一方承担侵权责任。接受劳务一方承担侵权责任后，可以向有故意或者重大过失的提供劳务一方追偿。提供劳务一方因劳务受到损害的，根据双方各自的过错承担相应的责任。提供劳务期间，因第三人的行为造成提供劳务一方损害的，提供劳务一方有权请求第三人承担侵权责任，也有权请求接受劳务一方给予补偿。接受劳务一方补偿后，可以向第三人追偿。第 1193 条规定：承揽人在完成工作过程中造成第三人损害或者自己损害的，定做人不承担侵权责任。但是，定做人对定做、指示或者选任有过错的，应当承担相应的责任。

本案中，死者朱某系易某 1 雇请做事，故易某 1 与死者朱某之间形成了劳务合同关系，而易某 1 与易某 2 之间是承揽合同关系，根据《最高人民法院关于审理人身损害赔偿案件适用法律若干问题的解释》第 11 条规定："雇员在从事雇佣活动中遭受人身损害，雇主应当承担赔偿责任。雇佣关系以外的第三人造成雇员人身损害的，赔偿权利人可以请求第三人承担赔偿责任，也可以请求雇主承担赔偿责任。雇主承担赔偿责任后，可以向第三人追偿。"以及第 10 条规定："承揽人在完成工作过程中对第三人造成损害或者造成自身损害的，定做人不承担赔偿责任。但定做人对定做、指示或者选任有过失的，应当承担相应的赔偿责任。"

本案中，易某 1 雇请的朱某系在提供劳务的过程中死亡，死者朱某的家属与易某 1 达成了赔偿调解协议，系死者家属向作为雇主的易某 1 主张权利，虽然易某 1 与死者朱某的家属达成的赔偿调解协议因易某 2 并非当事人而不能约束易某 2，但是该协议系经人民调解委员会调解达成，且易某 1 实际支付了赔偿款，故可以确认易某 1 已实际足额承担了赔偿责任。易某 1 承担赔偿责任后，其认为朱某的死亡系因雇佣关系以外的第三人即易某2造成的，可以向易某2追偿。

关于赔偿责任大小的问题，从本案目前的证据可以确定的是朱某系因沟壁土方坍塌掩埋致死，易某1作为定做人同时又是雇主，在傍晚光线不佳的情况下安排雇员在较深又是松土的沟槽内作业，未提供安全环境和安全条件，其对于损害后果的发生存在较大的过错，应承担相应的赔偿责任；而朱某所站的沟槽系作为承揽人的易某2所挖，虽然双方对于该沟槽系当时所挖还是头一天所挖说法不一致，但不论何时所挖均系易某2承揽工作的范围，而易某2未尽到安全注意义务导致损害后果的发生，亦存在一定的过错，亦应承担相应的赔偿责任。虽然易某1认为沟壁土方坍塌系易某2的挖机挖沟时经验不足未放坡等原因造成以及易某2及其雇请的开挖机的司机未及时抢救导致朱某的死亡，但均未提交充足证据证实，法院对该主张不予认定。根据易某1、易某2的过错程度，同时综合考虑损害事故发生的原因、易某1赔偿受害人的具体情况，酌情确定易某2应当承担易某1所付赔偿款42万元中10%，即4.2万元。

三、专家建议

在承揽合同中，特别是涉及高风险工作，如建筑施工时，双方必须明确约定安全责任和风险承担。合同应具体明确，包括服务范围、工期、费用及意外事故的责任分配。建议使用正式书面合同，避免仅靠口头承诺。同时，务必关注工程安全，确保合理的安全措施和保险。一旦发生事故，应及时记录事故现场情况，保存相关证据，并尽快寻求法律咨询。在解决纠纷时，考虑和解或法律途径，务求公正合理地维护自身权益。

四、关联法条

《中华人民共和国民法典》第 1192 条、第 1193 条。

九、建设工程合同纠纷

实际施工人是否享有建设工程价款优先受偿权

建设工程款优先受偿权，是为保护承包人及其背后广大群体的利益而设置的一项权利制度，这是平衡了多方利益的结果。在实务中，因各种原因往往会出现承包人与施工人不一致的现象，此时，就建设工程价款优先受偿权的权利主体问题，则会引发相关争议。

一、案例简介

（一）基本案情

为建设某梯级水电站，永州某公司将该工程发包给湖南某有限公司建设。2008 年 1 月 8 日，永州某公司、湖南某有限公司与范某签订了《湖南某工程施工合同书》，永州某公司将湖南某工程项目发包给湖南某有限公司承包施工，并确定由范某全权代表湖南某有限公司承包该工程施工。范某组织施工建设的工程于2010 年 12 月左右停工，工程未经正式竣工验收。经范某、永州某公司、湖南某有限公司三方对账，确认湖南某工程累计欠范某工程款 31191143.39 元。后因永州某公司符合破产条件，其他债权人依法将相关案件移送破产审判部门进行审查，在破产清算期间，范某向永州某公司管理人申报债权44872118.39元，其中湖南某工程欠款26098613.39元，请求优先受偿。因管理人未确认范某的工程款债权享有优先受偿权，遂提起本案诉讼。[①]

（二）法院裁判

1. 一审判决

一审法院经审查认为，结合建设工程价款优先受偿权的立法精神，作为欠付工程款债权的担保方式之一，工程价款优先受偿权当然可以对实际施工人适用，只要实际施工人所主张的工程款不超过发包人欠付工程价款的范围即可。在范某、永州某公司、湖南某有限公司三方对账确认工程欠款金额后，永州某公司仍未给付工程欠款，范某为维护自己的合法权益主张工程价款优先受偿权，主体适格。从三方结算明确工程欠款金额之时起，即便工程项目仍未正式竣工验收，也可以推断范某完成的工程量自此时已确定不变，永州某公司应当给付工程欠款，范某已经具备行使建设工程价款优先受偿权的条件，从此时起算优先受偿权的行使期限，符合工程价款优先受偿权的立法精神。从衡平发包人、承包人、实际施工人及其他利害关系人的利益角度考虑，一审法院认定范某在法定期限内可行使建设工程价款优先受偿权。

2. 终审判决

二审法院经审查认为应严格遵循合同相对性原则，规定承包人就工程价款享有优先受偿权，实际施工人和发包人没有直接的合同关系，对发包人并不当然享有工程价款请求权，也就没有理

---

① 详可参见（2019）湘民终342号判决书。

由赋予其以工程价款为权利基础的优先受偿权。此外，转包、违法分包均被法律明确禁止，如果再赋予实际施工人以建设工程价款优先受偿权，有可能对建设工程市场秩序产生负面导向作用。因此，享有工程价款优先权的主体是承包人，范某不是承包人，不应当享受有工程价款优先权。故撤销一审判决，驳回范某的其他诉讼请求。

二、以案说法

本案的争议焦点主要是：范某作为实际施工人，是否享有工程价款优先受偿权？

（一）实际施工人的认定

在建设工程的法律关系中，存在诸多主体身份，包括发包人、承包人、转包人、分包人、实际施工人。承包人与实际施工人二者虽然都作为建设工程的乙方，顾名思义，二者的主要区别为承包人对应发包人，是与发包人具有合同相对关系的主体，实际施工人则是最终事实上完成工程施工的民事主体。正常情况下，承包人应当自行施工，但由于建设工程涉及方方面面因素众多，实践中经常出现承包人进行违法分包、违法转包的情形，故出现了实际施工人的概念。

一般认为，实际施工人是最终实际投入资金、材料和劳力进行工程施工的法人、非法人企业、个人合伙、包工头等民事主体。我国司法实践中设置这个概念主要用来区分其与签订建设工程施工合同的承包人。在本案中，湖南某公司与永州某公司签订合同，湖南某公司为承包人，后湖南某公司将该工程交由范某组织建设。范某作为自然人，不具有承包建设工程的资质，但其实际组织建设该工程，身份应当为实际施工人。二审法院正是基于范某的实际施工人的身份，对其应当享有的权利作出了判决。

（二）工程价款优先受偿权的主体

《中华人民共和国民法典》第 807 条规定了发包人未按照约定支付工程款的情况下，承包人对其所依据承包合同而建造的建设工程折价或者拍卖的价款享有优先于一般债权受偿的权利。该权利即为工程价款优先受偿权。本条与《最高人民法院关于审理建设工程施工合同纠纷案件适用法律问题的解释（一）》第 35 条明确规定了工程价款优先受偿权的主体为承包人。基于合同相对性，不应对承包人做扩大解释。另外，根据我国现有法律规范，工程价款优先受偿权优先于抵押权和其他债权，该权利最长的行使期限为发包人给付建设工程价款之日起 18 个月内。法律特别赋予建设工程价款优先受偿权的优先性应当严格用于保护合法的权利主体。本案中，范某等实际施工人本身不具有承包建设工程的资质，不享有工程价款优先受偿权此项特殊权利。

三、专家建议

实际施工人要注意如何实现有效维权。建设工程中的实际施工人概念已经在司法实践中被普遍采用，并且现有相关的法律规范已经在保护实际施工人的权益。实际施工人在维权过程中，应当合理利用现有法律规范赋予的权利。在实践中，应注意留存实际施工的相关证据，避免因证据的缺失导致维权失败，影响自身权益的保护。

四、关联法条

《中华人民共和国民法典》第807条;《最高人民法院关于审理建设工程施工合同纠纷案件适用法律问题的解释（一）》第35条、第36条、第41条、第42条;《北京市高级人民法院关于审理建设工程施工合同纠纷案件若干疑难问题的解答》第18条。

"背靠背"条款有效吗

在我国建设工程分包合同纠纷中,"背靠背"条款往往会成为总承包人与分包人分担风险的方式,总承包人将发包人向其支付工程款的条件设置为其向分包人付款的条件。对此,司法实践中对其效力存在较大争议。"背靠背"条款的效力认定往往关系着分包人权利的维护。

一、案例简介

(一)基本案情

2014年12月16日,江苏某工程有限公司与新疆某建设工程(集团)有限责任公司签订《专业分包合同》,该合同的主要内容为:1. 新疆某建设工程(集团)有限责任公司为总承包人、江苏某工程有限公司为分包人。2. 工程款支付约定为:按进度款支付,在建设单位支付给总承包人工程款的1个月内支付分包人已结算进度款的80%,待工程竣工验收合格,工程结算审核定案,分包人移交竣工资料后30日内支付至结算价款的95%;质量保修金按工程结算价款的5%预留,保修期满后无质量问题时无息返还。江苏某工程有限公司在2020年11月16日向新疆某建设工程(集团)有限责任公司出具《承诺书》,该承诺书中写明"剩余工程款项,待贵公司与建设方诉讼案审结执行回款后,贵公司再支付我公司。期间我公司不向贵公司主张剩余款项",新疆某建设工程

（集团）有限责任公司据此认为现未达到向其付款的条件。江苏某工程有限公司因此起诉，要求新疆某建设工程（集团）有限责任公司向其支付工程款及利息。①

（二）法院裁判

1. 一审判决

一审法院认为"背靠背"条款属附条件条款，总承包人新疆某建设工程（集团）有限责任公司是为了转移风险并取得时间利益，通过该条款的约定将所有风险转嫁给了分包方。但在本案中，该分包的专业工程已竣工验收并交付使用，建设单位目前无可供执行的财产，后期建设单位能否及时、足额地向其支付工程款属于不确定的事实，其到来的时期和能否最终到来都是不确定的，这在实质上意味着免除了新疆某建设工程（集团）有限责任公司的付款义务，且《承诺书》中约定江苏某工程有限公司在工程款给付条件成就时主张权利的条件，将使其合法权利长期陷于无法主张的被动状态，有失公平。故，江苏某工程有限公司在完成其工作后，就应当获得报酬，总发包方部分未付款并不能免除新疆某建设工程（集团）有限责任公司向江苏某工程有限公司的付款义务。

2. 终审判决

二审法院认为，一审法院认定的"背靠背"条款属于附条件的合同条款，未违反法律和公序良俗，《承诺书》系江苏某工程有限公司对自身权利的处分，不属于"背靠背"条款，故二审法院认为付款条件未成就，遂撤销一审判决，驳回江苏某工程有限公司的全部诉请。

---

① 详可参见（2022）新民再157号民事判决书。

二审法院判决生效后，江苏某工程有限公司向新疆维吾尔自治区高级人民法院申请再审，请求撤销二审判决。再审法院认为，一审法院根据查明的事实和证据对该案所作判决，认定事实清楚，适用法律正确，审判程序合法，遂裁定撤销二审判决，维持一审判决。

二、以案说法

本案的争议焦点主要是：案涉分包合同支付条款及江苏某工程有限公司出具的《承诺书》确定的"背靠背"条款能否认定案涉工程款支付条件尚未成就？

（一）"背靠背"条款的效力与性质

1. "背靠背"条款的效力

建设工程"背靠背"条款，主要是指建设工程分包合同中负有付款义务的承包人设置的，以发包人履行付款义务作为承包人履行付款义务条件的条款，简单地说，就是合同设置了第三方履行在先的付款条件。根据自愿原则，该条款在不违反法律法规等强制性规定和公序良俗的情况下，应当认定为有效。本案中，双方签订合同及《承诺书》均系双方真实意思表示，并不违反法律、行政法规等强制性规定，不违反公序良俗，因此，"背靠背"条款合法有效。

2. "背靠背"条款的性质

关于"背靠背"条款的性质，司法实践中存在履行附条件说和履行附期限说的争议。具体而言，如果第三方给付事宜是确定的，时间也是确定的，双方对此明知，只是合同中没有详细列明，则该条款属于附期限条款，期限届至，则合同义务产生，债务人按期应当履行付款义务。如果第三方给付事宜并不确定，只是具有可能性，时间也不确定，则该条款不仅是附期限的问题，本身也有附条件的含义，也即首先要完成第三方给付条件的现实性，在该现实性条件成就后，方可计算以其为起点的期限，这时，可以理解为该条款是附条件和附期限的结合体。本案中，"第三方履行在先"是指"剩余工程款项，待贵公司与建设方诉讼案审结执行回款后，贵公司再支付我公司"，这明确表明了承包人履行付款义务是需要建设单位执行回款后方可履行，但该期限并不明确，且执行回款也存在不能实现的可能性，故其实质属于附条件和附期限的结合体。

（二）工程款支付时间

"背靠背"条款中一般约定承包人履行付款义务的时间为发包人付款后某段时间内，但个案千差万别，尤其是相关纠纷诉至法院时，客观情况很可能与当时订立合同时发生了较大变化。如当分包人投入大量物力和财力完成工程建设并投入使用，而发包人资不抵债进入破产程序，及时、足额向承包人支付工程款存在极大不确定性时，适用"背靠背"条款将使承包人的付款义务履行期限长期难以确定，则承包人应当承担的发包人的付款风险将转嫁由分包人承担，意味着分包人的工程款债权难以实现，可能因此实际上免除承包人应当履行的工程款义务，与分包合同约定的权利义务内容及等价有偿原则、公平正义原则明显不符，亦有可能损害农民工的合法权益，从而影响社会稳定。因此，"背靠背"条款是否成就、是否可履行、将来何时成就等问题影响到案涉工程款的支付，应当具体问题具体分析。在本案中，江苏某工程有限公司已经完成全部施工义务，其分包的专业工程已竣工验收并交付使用已长达6年，双方签订的分包工程结算协议确定工程价款已超过2年有余，另根据生效判决及执行裁定，发包人已无可供执行的财产，继续适用"背靠背"条款将导致江苏某工程有限公司完成施工义务后长期难以实现工程款债权，造成双方利益明显失衡。因此，再审法院没有支持依据"背靠背"条款，工程款支付条件未成就的主张。

三、专家建议

分包人在签订合同时应尽可能争取对己方有利的条件。"背靠背"条款对分包人影响重大，在实践中，尽可能不签署"背靠背"条款，比如可以通过协商以其他条件置换"背靠背"条款。如果一定要签署，应当在施工过程中留存重要证据，必要时进行保全，从而为自身争取权利提供有力支撑。在产生相关纠纷后，分包人可通过诉讼或仲裁的方式积极维权，维护自己的合法权益。

四、关联法条

《中华人民共和国民法典》第 158 条、第 159 条、第 160 条、第 510 条、第 511 条、第 791 条。

实际施工人可以突破合同相对性
向发包人主张权利吗

合同相对性是指合同的内容仅对签署该合同的当事人具有约束力。在建设工程领域，会存在发包人与承包人、承包人与分包人、承包人与转包人、承包人与实际施工人主体间建立的多种法律关系，但各法律关系最终均指向建设工程。实际施工人与发包人在签署的书面合同上隔着"千山万水"，不过，实际施工人是建设工程竣工的施工主体，而发包人为竣工受益的主体，实际施工人可以突破合同相对性向发包人主张权利么？

一、案例简介

（一）基本案情

2018 年 4 月 11 日，被告某能源公司下某煤矿与被告通某公司签订了《建设工程总承包合同》，将某煤矿设计、采购及施工总承包工程发包给被告通某公司施工。2018 年 4 月，被告通某公司与鲁某公司签订了《建设工程施工安装工程合同》，将某煤矿施工、安装分包给被告鲁某公司。2018 年 10 月 17 日，被告鲁某公司与被告显某公司签订了《分包合同》，将某煤矿技术改造工程设备安装工程分包给乙方施工。2018 年 10 月 17 日，被告显某公司与原告闵某（乙方）签订了《安装工程合作协议书》，约定乙方以甲方公司的名义开展建筑安装工程业务；采用分公司承包（自主经营、独立核算、自负盈亏、责任自负）运作模式，乙方用甲方的许可资质开展电力安装工程工作，负责项目开发、组织实施、经营管理等，乙方独自承担一切经营费用。2018 年 10 月 17 日，被告鲁某公司与被告显某公司、通某公司以被告鲁某公司与显某公司所签订的《分包合同》为基础签订了《甲乙丙三方工程施工协议》。上述系列合同签署后，原告闵某作为实际施工人组织人员对案涉设备安装工程进行了施工。后闵某因未收到全部的施工款项，故诉至法院要求通某公司、鲁某公司、显某公司向其支付工程款和利息及施工过程中增设的工程量对应的工程款，发包人某煤矿承担连带责任。另经法院查明，案涉工程于 2019 年 11 月 29 日验收合格。[①]

（二）法院裁判

1. 一审判决

一审法院认为，《建设工程总承包合同》《建设工程施工安装工程合同》合法有效，《分包合同》因违反法律有关禁止违法出借资质的相关规定而无效，原告闵某系涉案工程的实际施工人。被告鲁某公司系违法分包，应承担支付责任，被告通某公司、显某公司不应承担责任。一审法院判决鲁某公司向闵某支付工程款，发包人某煤矿在一定范围内承担连带清偿责任，驳回了闵某的其他诉讼请求。

2. 终审判决

二审法院认为，闵某具有实际施工人的主体资格，根据工程联系单、工程签证单上显某公司、通某公司的签字盖章，可认定显某公司与通某公司事实上形成了建设工程施工关系，鲁某公司

---

① 详可参见（2022）鲁 08 民终 5684 号民事判决书。

并未在其上签字盖章，因此改判通某公司承担工程款的支付责任。另，可以突破合同相对性原则请求发包人在欠付工程款范围内承担责任的实际施工人不包括借用资质及多层转包和违法分包关系中的实际施工人，因此驳回了闵某的其他诉讼请求。

二、以案说法

本案的争议焦点主要由两个：一是《分包合同》的效力如何认定？二是工程款项应当由谁支付？三是实际施工人是否可突破合同相对性要求发包人承担责任？

（一）建设工程施工分包合同效力的认定

建设施工合同的效力认定较一般合同而言具有更加严格的限制条件，我国现行法律法规规定建设工程施工合同无效的情形包括：承包人因转包、违法分包建设工程与他人签订建设工程施工合同的；承包人未取得建筑业企业资质或者超越资质等级的；没有资质的实际施工人借用有资质的建筑施工企业名义的；建设工程必须进行招标而未招标或者中标无效的。本案中，显某公司转包、违法分包建设工程，闵某系没有资质而借用资质的实际施工人，故《分包合同》被认定为无效。

（二）工程款的支付主体

基于合同相对性，实际施工人应向合同相对人请求支付款项。本案中闵某所请求的实际施工中临时增加的工程量对应的款项，因未在合同中约定，参考施工中留存的证据可知，鲁某公司并未在实际施工人闵某提供的工程联系单、工程签证单上签字盖章，而是通某公司与显某公司在上述证据上签字盖章，故闵某要求鲁某公司对增设变更的施工工程承担支付工程款的付款义务，没有事实和法律依据，故变更为通某公司承担。

（三）实际施工人是否可突破合同相对性要求发包人承担责任

《最高人民法院关于审理建设工程施工合同纠纷案件适用法律问题的解释（一）》规定了实际施工人以发包人为被告主张权利的，人民法院应当追加转包人或者违法分包人为本案第三人，在查明发包人欠付转包人或者违法分包人建设工程价款的数额后，判决发包人在欠付建设工程价款范围内对实际施工人承担责任。该规定中的两大法律关系为：承包人与发包人之间的建设工程施工合同关系、承包人作为转包人或者违法分包人与转包或者违法分包中的承包人之间的转包或违法分包关系。具体到个案适用时，应当准确区分其中的法律关系。在本案中，除上述两层法律关系外，还有鲁某公司与显某公司两次违法分包以及闵某借用显某公司资质的法律关系。因此，二审法院认为突破合同相对性向发包人主张权利的实际施工人不应当包括借用资质及多层转包和违法分包关系中的实际施工人。故闵某向发包人某煤矿主张权利的行为没有被支持。

三、专家建议

实际施工人注意留存有效证据。实际施工人因其地位特殊，很可能因承包人或分包人转包或违法分包导致合同无效，实际施工人为有效证明其付出的人力、物力等成本，施工过程中的关键资料就成了发生争议时的维权依据。因此，在可能的情况下，多多留存证据，建设工程施工周期长，维权周期长，注意妥善保管相关证据，必要时进行保全或公证。

四、关联法条

《中华人民共和国民法典》第 465 条、第 791 条;《最高人民法院关于审理建设工程施工合同纠纷案件适用法律问题的解释（一）》第 42 条、第 43 条、第 44 条。

十、技术合同纠纷

虚假订立的技术许可合同如何认定

我国日益重视科技创新，诸多激励科技创新的政策应运而生，其中包括财政奖励扶持技术创新等措施。然而，这些政府扶持资金的监管颇为严格，审批流程往往较为漫长。在融资需求的驱动下，部分企业产生使用不正当手段获取政府奖励资金的冲动，通过与其他民事主体签订虚假技术合同的方式提前获取政府奖励资金。虽然能暂时缓解企业的资金压力，但这种行为不仅给双方带来诸多法律风险，还可能产生诸多其他负面后果。

一、案例简介

（一）基本案情

2016 年的前三季度，A 公司净利润亏损约 1.03 亿元，毛利率均在 10% 以下，看起来全年亏损在所难免。为了提前拿到当地政府提供的 2 亿元的"设备及研发投入奖励"来提振公司业绩，A 公司与 B 公司洽谈，B 公司先以技术许可方式从其全资子公司（A 江苏公司）引进三款柴油发动机技术，待 A 公司到 B 公司运营的园区投资建厂时再等额回购该技术，从而将预收的 2 亿元政府奖励资金包装成技术许可收入。

2016 年 12 月 6 日，A 江苏公司和 B 公司签订了一个技术许可协议，约定 A 江苏公司把三项与柴油发动机相关的技术独家授权给 B 公司使用，许可使用费为固定费用（2 亿元）+ 提成费用，许可期限为 10 年。合同签订后，A 江苏公司给 B 公司送去了一些技术资料和样机，B 公司也向 A 江苏公司支付 2 亿元。但 B 公司并非制造公司，没有柴油发动机的生产需求和能力，因此没有实际使用相关技术。另外，2 亿元合同款项在交付给 A 江苏公司后，一直保存在一个双方共同监管的新账户当中，A 江苏公司无法支配合同款项。

因为这一技术许可，A 公司 2016 年第四季度的毛利率骤升至 91%，扭亏为盈。A 公司 2016 年毛利率的异常波动，及其对技术许可合同的披露，引起了深交所的关注。深交所先后两次向 A 公司发出关注函，要求对合同相关问题进行说明。2017 年 3 月，A 公司和 B 公司商量，想要再用 2 亿元把技术"买"回来。但因为证监会进行调查，A 江苏公司及其关联公司的资金变化都被严格监控，B 公司无法拿回 2 亿元的"回购款"。

B 公司向法院起诉，称技术许可协议不是双方真实意思表示，合同无效，请求判令 A 江苏公司返还 2 亿元的技术许可费。[①] 该案导致斯太尔股价暴跌，数个账户遭冻结，证监会罚款 60 万元。

（二）法院裁判

1. 一审判决

一审法院认为，双方签这份技术秘密许可协议，是为了提前拿到 2 亿元的政府投资奖励。B 公司不是制造公司，对许可的技术没有需求。协议内容简单，双方对合同的履行也明显不符合技

---

① 详可参见（2021）最高法知民终 809 号民事判决书。

术合同的常规。且 A 江苏公司对 2 亿元的技术许可使用费也无法支配。因此法院认定技术许可协议是虚假的意思表示，合同无效，遂判决 A 江苏公司退还 2 亿元，B 公司退还技术资料和样机。

2. 二审判决

二审法院根据涉案许可使用费的支付、使用与返还以及技术许可使用与"回购"的真实情况，不仅考察了合同订立的前后情况，还注意到了履约行为等相关事实，最后综合全案案情，认定合同双方当事人存在虚假意思表示，对一审判决予以维持。

二、以案说法

本案最主要的争议焦点为 B 公司与 A 江苏公司之间签订涉案技术许可协议是否存在虚假意思表示（即通谋虚伪）。《中华人民共和国民法总则》第 146 条（现《中华人民共和国民法典》第 146 条）规定："行为人与相对人以虚假的意思表示实施的民事法律行为无效。以虚假的意思表示隐藏的民事法律行为的效力，依照有关法律规定处理。"

最高人民法院在该案的判决书中给出了虚假意思表示认定的"三步法"：第一步，可以根据主给付义务的真实情况进行判定。如果双方当事人之间的主给付义务实际上根本不具备特定类型合同项下主给付义务的基本特征，则可以初步认定双方签订合同时存在虚假意思表示。第二步，在此情况下，可以根据双方当事人订立合同前后的情况（特别是双方缔约背景）和履约行为等相关事实，进一步认定双方订立合同所隐藏的真实意图。第三步，综合全案案情，如果上述两个方面的认定可以相互吻合并能够排除合理怀疑，即可最终认定双方当事人以虚假的意思表示订立合同。

本案中，就一般技术许可协议而言，有关主给付义务为两项：一是许可方向被许可方提供约定的技术，被许可方获得技术后可以在约定期限按照约定方式使用；二是被许可方向许可方支付约定的许可使用费，许可方收取许可使用费后一般可自由支配。A 江苏公司交付的技术资料不能生产出符合国家标准要求的合格产品，更无法达到规模化生产的要求，且许可协议签订后数月双方就着手"回购"事宜，B 公司并不能在合同约定有效期 10 年内实际使用约定技术。另一方面，A 江苏公司不仅不能自由支配 2 亿元许可费，A 公司还要如数返还 B 公司，因此可以初步认定双方签订合同时存在虚假意思表示。

涉案技术许可协议签订前后，B 公司参与对 A 江苏公司获得的 2 亿元技术许可使用费的监管，这说明涉案技术许可协议的履行（特别是上述 2 亿元款项的使用）与当地政府有相当密切的关联，可以印证该 2 亿元款项系当地政府通过 B 公司支付的投资奖励金。而 A 公司不能合理说明 B 公司与 A 江苏公司签订涉案技术许可协议另有其他真实意图。

A 江苏公司和 B 公司的主给付义务履行情况和 A 公司提前获取政府奖励金的真实意图可以相互吻合，并能够排除合理怀疑，因此技术许可协议的签订构成了虚假意思表示，一、二审法院均坚持相同的观点，作出了相同的认定。

三、专家建议

在我国，知识产权已然成为重要的资产类别，通过知识产权进行融资的操作也变得愈发普遍。然而，不论何时签订相关合同，诚实守信的原则都是必须坚决遵守的。任何对合同内容的虚构或伪造，不仅是对基本道德伦理的背离，更是对法律的公然挑衅。同样，如果明知自己无法履行合同的情况下仍然签订，不仅会导致合同无法执行，还可能引发一系列的法律纠纷并招致罚款。因此，对合同的签订应保持审慎严谨的态度，以避免不必要的风险和损失。

四、关联法条

《中华人民共和国民法总则》第 146 条、第 157 条。

非书面形式的技术委托开发合同如何认定

《中华人民共和国民法典》规定，技术开发合同的订立应当采用书面形式。然而，部分当事人可能会出于交易习惯或其他原因，未选择采用书面形式订立技术开发合同。这种做法虽然在一定程度上简化了合同订立过程，节省了时间和精力，但无疑也增加了不确定性，给当事人反悔提供了可能，或者给产生误会提供了空间，不利于当事人权益的保护。

一、案例简介

（一）基本案情

2019 年冬季，某源公司股东莫某与某健公司法定代表人魏某某在青岛见面，协商运动手环项目。其间，莫某提到血压计市场，就血压计研发与魏某某进行沟通。某源公司认为，这次见面双方达成委托开发血压计的共识。由于双方已有的合作关系以及莫某对魏某某的信任，研发工作在没有签订书面委托开发合同时就开始了。莫某与魏某某在微信中就血压计样品寄送及蓝牙功能等事宜保持沟通。某源公司团队投入研发工作，并于 2020 年 4 月 15 日寄出了血压计样品。但仅半个月后，某健公司以业务调整为由，提出暂停血压计项目，并要求退还已支付的费用。

某源公司认为某健公司单方面解除技术开发合同，向法院起诉，要求某健公司支付 75000 元的研发费用。某健公司抗辩称，其并未与某源公司签订正式合同，也未约定技术开发合同所必需的内容、基本报酬、技术方案要求等，不具备技术开发的基本条件，因此无需支付任何费用。①

（二）法院裁判

1. 一审判决

一审法院认为，鉴于双方未签订书面合同，且双方微信聊天记录中，缺乏研发要求、研发费用及验收标准等技术开发合同基础事项的合意，无法证实双方合作方式为某源公司为某健公司研发血压计产品。因此，法院认为双方尚未就合作方式达成一致意见，未形成委托开发技术关系，故驳回某源公司的全部诉讼请求。

2. 终审判决

二审法院认为，当事人未采用书面形式，但只要一方已经履行主要义务，相对方已接受该主要义务，则合同成立。本案中，双方当事人对于涉案血压计的开发期限、内容、价款、技术成果归属、验收标准、产品价格等技术开发合同应约定的基本内容，均未商议。而某健公司提到的蓝牙功能，现在几乎所有的电子产品都有这个功能，不属于某健公司对产品功能提出的技术开发要求。因此，二审法院认为双方之间不存在某健公司委托某源公司开发血压计产品的合同关系，遂判决驳回上诉，维持原判。

二、以案说法

本案的争议焦点主要为双方当事人之间是否存在技术委托开发合同关系。

---

① 详可参见（2022）最高法知民终 411 号民事判决书。

（一）合同订立形式

合同形式又称为合同的方式，是当事人合意的表现形式，亦即合同内容的外在表现。合同原则上奉行形式自由的原则，当事人可以采用书面形式、口头形式或者其他形式，一般不会因欠缺形式要件而无效。

1. 书面形式

合同的书面形式是指合同书、信件、电报、电传、传真等可以有形地表现所载内容的形式。送货单、收货单、结算单、发票、对账确认函、债权确认书等函件、凭证亦可以作为认定存在买卖合同关系的证据。书面形式的合同是最常见的合同，能够准确地固定合同双方的权利义务，在发生纠纷时有据可查，便于处理。所以，法律要求较重要、复杂的合同，应当采用书面形式订立合同。以数据电文，包括电报、电传、传真、电子数据交换和电子邮件等方式能够有形地表现所载内容，并可以随时调取查用的数据电文，具有与文字等形式订立的合同相同的属性，也视为书面形式。

案例中，某源公司和某健公司没有就血压计的合作开发订立合同书，但是微信聊天记录等也是双方达成合意的证据之一。而某源公司和某健公司并没有就基础技术委托开发内容进行讨论确认，例如开发期限、内容、价款、技术成果归属、验收标准、产品价格等，不能认定双方就委托开发达成合意。

2. 口头形式

合同的口头形式不仅包括人与人之间的直接对话、身体语言等，也包括电话、微信语音、互联网语言等都属于口头形式。

3. 其他形式

特殊的合同订立方式还有招标方式，现场拍卖、网络拍卖等公开竞价方式，产权交易所等机构主持拍卖、挂牌交易等等。

（二）非书面形式合同的认定规则

1. 合同成立的要件

合同成立要求：①订约主体为双方或多方当事人；②当事人必须就合同的主要条款经过双方当事人协商一致，主要条款包括当事人的姓名或者名称和住所、标的、数量、质量、价款或者报酬、履行期限、地点和方式、违约责任、解决争议的方法；③具备要约和承诺阶段；④合同的订立是"依法"进行的。非书面形式合同成立的认定可以从上述要件进行判断。

2. 事实合同关系的判断

合同的成立属于合同的订立范畴，解决的是合同是否存在的事实问题，其要件体现的是合同自由原则。合同是否成立，首先只能从当事人的意思表示进行判断，只要具备意思表示一致这一基本事实，合同即告成立。

其次，当事人亦可以通过一定的行为促使合同成立。因此法院在民事案件的审理中判断当事人之间是否存在事实合同关系，也会结合当事人实施行为当时的意思表示和纠纷发生之后当事人对相关事实的认知等因素进行综合判断，不会仅以一方当事人的单方陈述为依据。

综上，通过考虑双方就合同标的达成一致，一方履行的是主要义务，而非次要义务，对方已接受另一方履行的主要义务，并从双方举证角度综合推定既往履行习惯，进而推定事实合同成立。

（三）非书面形式的技术开发合同的认定

在未签订书面技术开发合同的前提下，一方当事人如果提出了明确详尽的要约，且双方均认可已按照要约内容进行了技术开发，则双方形成合意并已建立合同关系。

由于技术合同本身的复杂性，判断合同成立与否及合同内容具有一定难度。由于技术开发合同以新技术、新产品、新工艺或者新材料及其系统的研究开发成果为主要标的物，因此，需要根据在案证据审查如下因素：

1. 双方当事人就相关新技术、新产品、新工艺或者新材料及其系统的研究开发是否达成合意。

2. 开发方是否按照委托方的具体研发需求进行研发，且完成主要研发任务，并向委托方交付研发成果，委托方已经接受。

如果有切实证据证明上述两个因素已经具备，则可以认定双方存在技术开发合同关系的情形，委托方应当支付相应的研发费用。

案例中，某源公司与某健公司没有就相关新技术、新产品、新工艺或者新材料及其系统的研究开发是否达成合意，技术委托开发合同的基础内容并没有确定下来。虽然，某源公司已经进行具体研发，但是因为缺乏"双方达成合意"的因素，双方不成立技术开发合同关系。

三、专家建议

商事活动中，当事人可能因缺乏合同意识而未能签订书面合同，在一定程度上的确可以简化合同订立过程，但同时也带来了潜在的风险。一则因事实合同成立及付费标准的认定均掌握在裁判机构手中，弹性很大，不利于保护已经履行主要义务的一方，二则未通过书面形式不利于明确双方意愿而致商业上的合作误会，造成人力物力以及机会成本等的损失。因此，在缔约过程中，当事人应当充分沟通，详细阐述技术细节，确保合同内容的准确性和完整性。

四、关联法条

《中华人民共和国民法典》第 135 条、第 469 条、第 470 条、第 490 条、第 851 条、第 852 条;《最高人民法院关于适用〈中华人民共和国民法典〉合同编通则若干问题的解释》第 4 条;《最高人民法院关于审理买卖合同纠纷案件适用法律问题的解释》第 1 条;《最高人民法院关于印发〈全国法院贯彻实施民法典工作会议纪要〉的通知》第 6 条;《最高人民法院关于适用〈中华人民共和国合同法〉若干问题的解释(二)》(已失效)第 2 条。

技术合同性质如何判定

技术合同是当事人就技术开发、转让、许可、咨询或者服务订立的确立相互之间权利和义务的合同。根据其定义可分为技术开发、技术转让、技术许可、技术咨询、技术服务五大类。性质不同，可能带来效力的不同、责任的不同，技术合同的性质究竟该如何判定呢？

一、案例简介

（一）基本案情

2012 年 9 月，某源公司与某陵公司签订了一份《技术转让合同》，约定某源公司向某陵公司转让苓菘口服液临床批件及生产工艺技术，由某陵公司组织临床试验和取得生产批件。合同虽名为技术转让合同，但是包含技术合作开发的内容。合同具体内容包括：①转让某源公司已经掌握的苓菘口服液的临床前研究全部研究资料、项目相关专利、制剂工艺中试技术等已有研究成果；②申报临床研究批件、制剂工艺大生产技术、临床试验研究等涉案合同签订时尚未掌握且需要进一步研发的技术；③将苓菘口服液制剂的大生产技术实现工业化生产，进行试验研究并获取生产批件；④某陵公司在进行该品种的中试生产、临床试验研究、生产批件申请及大生产技术交接工作中，如有与此品种有关的技术等问题，某源公司有义务及时配合解决；⑤某源公司作为前期已有技术成果的转让方及在其转让技术成果基础上为工业化应用进行后续研发的技术指导方，需要协作配合某陵公司完成相关的研究开发工作。

然而，双方几年的研究投入都没能取得连续三批合格的中试产品成功生产。某源公司向法院起诉称，某陵公司未能提供适合涉案新药项目工艺交接的设备和场所，导致生产失败，请求解除合同、某陵公司赔偿经济损失 225 万元等。某陵公司反诉称某源公司技术不足而导致生产失败，请求解除合同、某源公司返还已付的合同款项 225 万元等。①

（二）法院裁判

1. 一审判决

一审法院认为，某源公司与某陵公司签订的合同是兼具技术转让和技术开发性质的混合合同，应依据合同约定区分转让和开发阶段，合理计算对价。某源公司实际完成向某陵公司转让苓菝口服液的临床前研究资料、申报资料、项目及相关专利的转让，已经完成技术转让，理应取得技术转让费用。而在技术合作开发阶段，中试技术交接不合格致技术开发失败，应按合作开发合同判定责任由当事人合理分担，因此判决解除合同，某源公司返还某陵公司已付合同价款 75 万元。

2. 终审判决

某源公司不服一审法院按合作开发合同判定双方分摊风险，认为是某陵公司的违约行为导致合同解除，应当赔偿己方继续履行合同的可得利益损失 225 万元，提起上诉。二审法院判决驳回上诉，维持原判。

---

① 详可参见（2021）最高法民申 7796 号民事判决书。

二审判决生效后，某源公司又向最高人民法院申请再审。再审法院认为二审法院认定事实清楚，适用法律正确，遂驳回某源公司的再审申请。

二、以案说法

确定技术合同的具体性质，不应简单根据合同名称，而应结合合同标的及合同约定的权利义务关系进行综合判定。涉案合同名为技术合同，结合合同具体内容发现涉案合同包含技术转让和技术开发的混合合同关系，法院根据双方证据判定合同款项225万元包括技术转让费用和合作开发费用。

（一）技术转让合同

技术转让合同是指合法拥有技术的权利人，将现有特定的专利、专利申请、技术秘密的相关权利让与他人所订立的合同。技术合同的性质，并非简单根据当事人之间签订合同的名称予以确定，而应结合合同标的及当事人合同约定的权利义务关系进行综合判定。

本案中，合同中关于转让某源公司已经掌握的苓菝口服液的临床前研究全部研究资料、项目相关专利、制剂工艺中试技术等已有研究成果等内容符合技术转让合同性质。法院认为该部分合同事项已经履行，某源公司应当获得技术转让费用。

（二）技术开发合同

技术开发合同是指当事人之间就新技术、新产品、新工艺、新品种或者新材料及其系统的研究开发所订立的合同，包括委托开发合同和合作开发合同。当事人之间就具有实用价值的科技成果实施转化订立的合同，参照适用技术开发合同的有关规定。

本案中，法院认为属于合作开发部分的合同内容为：①申报临床研究批件、制剂工艺大生产技术、临床试验研究等涉案合同签订时尚未掌握需要进一步研发的技术，属于新技术、新工艺，该部分具有技术开发合同的性质。②将苓菘口服液制剂的大生产技术实现工业化生产，进行试验研究并获取生产批件等内容，具有科技成果转化的性质。③某源公司还负有技术指导、协作配合完成研究开发的义务，例如某陵公司在进行该品种的中试生产、临床试验研究、生产批件申请及大生产技术交接工作中，如有与此品种有关的技术等问题，某源公司有义务及时配合解决。④某源公司作为前期已有技术成果的转让方及在其转让技术成果基础上为工业化应用进行后续研发的技术指导方，需要协作配合某陵公司完成相关的研究开发工作。而合作开发过程中，某源公司未指明缺少醇沉罐将导致清膏制备失败，仅建议而未要求必须使用指定公司生产的包装材料，未对制剂灌装前车间不应使用臭氧灭菌提出要求，技术指导过程中不够自信、主动、坚定，法院认为生产失败不能完全归责于某陵公司，因此各打五十大板，某源公司只能获得部分的合作开发费用，剩下 75 万元返还某陵公司。

三、专家建议

合同性质的不同，可能带来效力的不同、责任的不同。技术转让合同的义务是权利人将现有特定的专利、专利申请、技术秘密的相关权利让与受让人。技术合作开发合同的义务是合同双方就新技术、新产品、新工艺、新品种或者新材料及其系统的研究开发。因此，技术合同不能简单根据当事人签订合同的名称予以认定，而应结合合同标的及当事人合同约定的权利义务关系进行综合判定。这也对技术合同起草者的法律基础有更高的要求，如何设计符合法律规定又最大限度满足双方当事人现实需求的合同是一件值得琢磨的事情。

四、关联法条

《中华人民共和国民法典》第 851 条第 1 款、第 862 条。

十一、保管合同纠纷

车辆在停车场被损坏，谁来承担责任

随着生活节奏的加速，人们对于物品存放的需求日益增长，特别是在空间受限的城市环境中。保管服务，如停车场、仓储等，提供了便利的解决方案，帮助人们安全地存放财产。同时，也会带来新的问题和风险。

一、案例简介

（一）基本案情

刘某于 2022 年 1 月 14 日向 A 公司支付 200 元的月停车费用。2022 年 2 月 9 日 11 时许，刘某在停车场内取车时，发现汽车天窗被破坏，遂报警。案涉车辆维修费用合计 8500 元。

刘某为 B 公司交强险被保险人。同日，刘某签署《"代位求偿"案件索赔申请书》和《权益转让书》，向 B 公司提出先行赔付的索赔申请，并将其已取得赔款部分保险标的一切权利转让给 B 公司。B 公司于 2022 年 2 月 21 日向刘某名下账户转账赔付金额 8500 元。

B 公司向法院起诉请求：（1）A 公司支付 B 公司已赔付的保险赔款 8500 元；（2）A 公司承担本案全部诉讼费用。另查明，刘某汽车被故意损坏一案，截至目前还未找到嫌疑人，案件还在进一步侦破过程中。[①]

（二）法院裁判

1. 一审判决

一审法院认为本案符合保管合同的特征，A 公司与刘某之间系保管合同关系。案涉车辆在停车场被损坏，保管人 A 公司有义务证明其已经尽到了妥善保管义务。但本案中，A 公司非但没有证明自己履行了保管义务，反而查明的事实足以认定其没有尽到妥善保管的义务：在实际侵权人长达数分钟对案涉车辆进行侵权的过程中，并未有管理人员巡查、制止。故 A 公司未按照保管合同履行妥善保管的义务，对车辆被损坏的后果应当承担赔偿责任。遂判决 A 公司于判决发生法律效力之日起 10 日内向 B 公司支付8500 元并承担一审案件受理费。

2. 终审判决

A 公司对一审法院判决不服，上诉请求撤销一审判决。其主张刘某损失应当由保险公司理赔后向真正的侵权人追偿。其原因有二：其一，A 公司并未与刘某建立保管合同关系；其二，案涉车辆价值约 30 万元，刘某仅按照每月 200 元的标准缴纳停车费，如果认定 A 公司与刘某之间存在保管合同关系，则在 A 公司与刘某之间存在巨大的利益失衡。基于上述两点，一审法院适用法律错误，A 公司不应承担保管责任。

终审法院认为根据一审已查明的事实，本案符合保管合同的特征，且 A 公司未尽到妥善保管保管物的义务，对刘某车辆受损具有过错，应对车辆毁损的后果承担赔偿责任。B 公司基于其与刘

[①] 详可参见（2023）川 01 民终 12001 号判决书。

某的保险合同关系就案涉事故先行向刘某赔付了保险金，已依法取得了对 A 公司的代位求偿权。综上所述，对一审法院作出判决予以维持。

二、以案说法

本案争议焦点有二：其一，停车场与车主之间是场地租赁合同关系还是保管合同关系？其二，停车场是否对案涉车辆的损坏承担责任？

（一）租赁合同与保管合同之分

关于合同性质，判断 A 公司与刘某之间成立的系保管合同关系还是租赁合同关系的关键在于停车人是否将车辆交付停车场管理人员实际控制。具体到本案，案涉停车场为封闭式的地下停车场，进出口分流，且设有闸机系统、交费进出，亦有安保人员巡逻管理，可见 A 公司已采取相应措施对进出、停放停车场的车辆享有一定控制权，具有保管车辆的明确意思表示，而非单纯地为停车人提供场地使用权。因此，刘某将其车辆交付 A 公司实际控制，双方成立的是保管合同关系。

（二）保管人责任承担

《中华人民共和国民法典》第 897 条规定：保管人有义务证明其已经尽到了妥善保管义务，且在保管期内，因保管人保管不善造成保管物毁损、灭失的，保管人应当承担赔偿责任。本案中，A公司其应对保管期间因保管不善造成刘某车辆毁损的后果承担赔偿责任。一审法院、终审法院均持相同的观点，作出相同认定。

三、专家建议

生活中的一件小事也会涉及双方合同关系，无论是个人还是企业，都应提升法律意识，正确理解和评估服务接受者和服务提供者之间的法律关系，通过设立有关保险覆盖和赔偿的条款，进一步明确各方的权利和责任。在遇到纠纷时，应重视保留相关证据（如合同、收据等），并通过法律途径寻求合理解决。

四、关联法条

《中华人民共和国民法典》第 888 条、第 890 条、第 897 条；《中华人民共和国保险法》第 60 条。

保管人和寄存人责任如何分配

保管合同在商业和个人财产管理中占有重要位置。保管合同像是一张微妙的网，将信任和责任紧密编织在一起。当出现保管合同纠纷时，如何合理地分配责任成为关键。

一、案例简介

（一）基本案情

2021 年 11 月 4 日至 6 日，王某和魏某将大姜存放至张某的恒温库，未签订书面合同，口头约定仓储费每月每吨 40 元，存储至 2022 年 2 月底。共计 3287 筐外加 318 箱大姜。2022 年 2 月 28 日，王某和魏某从恒温库拉走 1000 筐姜，并后来拉回 523 筐已掰碎的姜，称其掰碎后发现姜已坏，无法作为姜种，并称剩余 477 筐因腐烂被扔掉。王某、魏某向一审法院起诉请求：（1）依法判令张某、A 冷藏厂赔偿王某、魏某各项损失共计 236270 元及利息；（2）诉讼费用由张某、A 冷藏厂负担。

（二）法院裁判

1. 一审判决

一审法院认定王某、魏某与张某之间形成了口头保管合同关系。认定作为保管人的张某应当承担赔偿责任。根据潍坊市凯诚价格评估事务所的评估，赔偿金额确定为每市斤 0.8 元，总计 85166.78 元。

2. 终审判决

终审法院综合考虑了姜种的入库数量和存储情况，对一审法院关于姜种数量的判定进行了修正，并认定张某、A 冷藏厂应对王某、魏某的直接损失承担 70% 的赔偿责任。这一判断考虑到了保管过程中责任的共同分担，以及王某、魏某在处理存储姜种时的行为。同时，终审法院指出初次评估中存在的程序问题，并根据姜种的实际购买价格和存储数量重新确定了赔偿金额。判定 A 冷藏厂、张某赔偿上诉人王某、魏某仓储物损失 125843.7 元。①

二、以案说法

本案的争议焦点在于姜种损失的具体估算及相应的赔偿责任分配。这包括如何准确评估因保管不当导致的姜种损失的数量和价值，以及在确定了损失的基础上，如何公平合理地分配赔偿责任。这涉及对保管过程中的具体责任归属的认定，以及如何在当事人之间合理划分赔偿比例，从而确保损失得到适当补偿，同时维护双方的合法权益。

（一）损失估算

《中华人民共和国民法典》第 584 条规定：当事人一方不履行合同义务或者履行合同义务不符合约定，造成对方损失的，损失赔偿额应当相当于因违约所造成的损失，包括合同履行后可以获得的利益；但是，不得超过违约一方订立合同时预见到或者应当预见到的因违约可能造成的损失。本案中，一审法院根据剩余姜种的市场价格估算损失金额，而终审法院则基于原告重新购买姜种的实际支出进行估算，终审法院认定的金额显然更准确，与寄

---

① 详可参见（2023）鲁 07 民终 645 号民事判决书。

存人实际损失误差较小。

（二）责任承担

《中华人民共和国民法典》第 897 条规定：保管期内，因保管人保管不善造成保管物毁损、灭失的，保管人应当承担赔偿责任。但是，无偿保管人证明自己没有故意或者重大过失的，不承担赔偿责任。本案中，保管人未提交相关仓储温度、相对湿度、通风换气等监测保管记录证明其已尽到保管责任，应承担举证不能的法律后果，故法院认定案涉姜种在取出后发现质量问题，张某、A冷藏厂作为保管人应当承担赔偿责任。

《中华人民共和国民法典》第 591 条规定，"当事人一方违约后，对方应当采取适当措施防止损失的扩大；没有采取适当措施致使损失扩大的，不得就扩大的损失请求赔偿"，本案寄存人王某和魏某在 2022 年 2 月 28 日取走部分存姜时发现存在质量问题，但其未对剩余储存姜种进行积极妥善处理，未核实尚有多少姜种可继续使用，而是于同年 3 月 4 日即全部重新购买，对案涉损失扩大亦应承担部分责任。法院酌情判定其应就损失承担 30% 的责任，保管人张某、A 冷藏厂对寄存人损失承担 70% 的赔偿责任。

三、专家建议

在保管合同中，明确物品的性质、数量以及双方责任至关重要。企业和个人在签订保管合同时，应确保合同内容的详细性和具体性，包括存储条件、责任分配、赔偿标准等。同时，应当保持良好的沟通，以避免对合同条款的误解。一旦发生争议，应当积极收集和保留证据，包括合同、交接单据、通信记录等，以便在法律诉讼中支持自己的主张。在处理纠纷时，合理利用法律途径，包括和解、仲裁或诉讼，以保护自身权益。

四、关联法条

《中华人民共和国民法典》第 584 条、第 591 条、第 897 条、第 907 条。

子女保管的老人财产需要返还吗

在家庭中，金钱往往是一把"双刃剑"。它既能为家庭成员带来安全感和幸福感，也可能成为争议和矛盾的根源。特别是在家庭老年成员和他们的亲属之间，养老金的管理和使用问题不只是经济决策，更是对家庭信任和责任的考验。

一、案例简介

（一）基本案情

卢某老伴于 2019 年去世，留有其名下一套房产。卢某六个子女自父亲去世后商议轮流照顾卢某，并由女儿刘某保管房产证、卢某退休工资卡、医保卡等。2020 年 4 月，卢某向法院起诉，要求女儿刘某返还其 2014 年 9 月至 2020 年 4 月期间 68 个月的养老保险金 16.32 万元及房产证，并称刘某未经同意使用了其养老金。刘某辩称这些资金已用于卢某的日常开销。[①]

（二）法院裁判

1. 一审判决

一审法院认为，在 68 个月养老保险金返还问题上，原告提交的银行流水仅显示 2019 年 8 月至 2020 年 4 月的收入，不能证明 2014 年 9 月至 2020 年 4 月的收入情况，且证人证实在原告子女轮

[①] 详可参见（2023）辽 01 民终 3820 号民事判决书。

流照顾期间，被告每月给其他照顾原告的子女 3500 元用于购买食品并为原告支付过其他日常开销，故驳回原告要求返还 16 万余元及利息的诉讼请求。

在房产证返还问题上，原告一直居住在该房产内，房产证所有权人为刘某某，未记载共有人信息。刘某某去世后，房产应通过法定程序继承，原告和被告都是法定继承人。综合考虑各方权益，法院认定被告保管房产证并无不妥，故驳回原告要求返还房产证的诉讼请求。

2. 终审判决

卢某上诉请求判令被上诉人立即返还上诉人 2020 年 1—4 月的养老金 11360 元及房产证，二审法院认为，自刘某取走卢某的房产证和退休工资卡起，双方形成保管关系。因退休金使用纠纷，卢某要求返还房产证和卡内资金。鉴于卢某不能自理，且监护责任未定，一审法院驳回返还房产证请求并无不妥。但由于刘某未证明已用卢某 2020 年 1—4 月养老金于其消费，故法院支持卢某返还 11360 元的要求，调整一审裁判意见。

二、以案说法

本案的争议焦点有二：其一，卢某是否有权请求刘某返还其退休工资卡内资金；其二，卢某是否有权请求刘某返还房产证。

（一）保管合同的解除

本案中，卢某和刘某虽未签订书面保管合同，但自刘某取走卢某退休工资卡，即可认定双方保管合同法律关系的成立。后因退休金使用纠纷，卢某遂主张刘某返还卡内资金。《中华人民共和国民法典》第 899 条第 1 款规定"寄存人可以随时领取保管物"。根据该规定，卢某要求保管人刘某返还 11360 元请求符合法律规定，依法应予支持。

（二）过世配偶遗留房产的归属

《中华人民共和国民法典》第 1123 条规定：继承开始后，按照法定继承办理；有遗嘱的，按照遗嘱继承或者遗赠办理；有遗赠扶养协议的，按照协议办理。本案中，卢某配偶并无遗嘱，故应按照法定继承办理。

《中华人民共和国民法典》第 1153 条规定：夫妻共同所有的财产，除有约定的外，遗产分割时，应当先将共同所有的财产的一半分出为配偶所有，其余的为被继承人的遗产。本案中，房产仅登记在卢某配偶一人名下，且无其他证据能够证明该房产为卢某夫妻二人共有，故应认定为卢某配偶个人财产，不需要进行分割。

《中华人民共和国民法典》第 1127 条规定：遗产按照下列顺序继承：（一）第一顺序：配偶、子女、父母；（二）第二顺序：兄弟姐妹、祖父母、外祖父母。继承开始后，由第一顺序继承人继承，第二顺序继承人不继承；没有第一顺序继承人继承的，由第二顺序继承人继承。本案中，卢某与其六个子女均为第一顺位法定继承人，因卢某生活不能自理，需众子女协议看护、照料。在卢某监护责任主体未作最后确认的情况下，不宜改变案涉房产证书的保管现状，涉案房产证和契税证由被告保管并无不当，综上，本案中，卢某请求刘某返还房产证，但经查房屋所有权人为其配偶，且未记载共有人信息，故其配偶去世后，该房产应作为遗产，通过法定程序进行继承。

三、专家建议

家庭成员在处理老年人财产时应更加谨慎和透明。当涉及保管老年人财产，如房产证或退休金时，家庭成员应确保明确的沟通和书面协议，以避免日后的误解和纠纷。同时，老年人应被鼓励了解和参与自己财产的管理，确保他们的意愿得到尊重。在出现纠纷时，建议通过友好协商、家庭调解或专业法律咨询来解决问题，以减少家庭内部的不必要冲突，并保护每个成员的合法权益。

四、关联法条

《中华人民共和国民法典》第 888 条、第 899 条、第 901 条、第 1123 条、第 1127 条、第 1153 条。

十二、委托合同纠纷

委托他人"挖矿"合法有效吗

比特币作为一种通过特定计算机程序计算出来的虚拟电子货币，其"挖矿"系通过一定设备及行为获取虚拟商品比特币的相关投资活动。除了自己"挖矿"以外，实践中也出现委托第三人帮自己"挖矿"的情形，该委托采用的是传统的委托合同形式，但是委托的内容却是新兴的比特币"挖矿"活动，我国目前尚无法律对比特币等虚拟商品作出具体规定，因此，以比特币"挖矿"活动为内容的委托合同在实践中多发纠纷。

一、案例简介

（一）基本案情

2020 年 5 月，北京某计算科技公司与案外人上海某甲公司签订《服务器设备采购协议》约定，北京某计算科技公司购买上海某甲公司采购的型号为 M20S 的服务器（即比特币"挖矿机"），货款未付清之前，服务器仍然由上海某甲公司所有。双方协商将服务器托管在北京某计算科技公司运营的云计算中心。2020 年 6 月 1 日，上海某甲公司与上海某实业公司签订的《项目合作合同》约定，由上海某实业公司代表上海某甲公司和第三方签署技术服务协议直接结算，支付电费、服务费并接收比特币。2020 年 6 月 5 日，上海某实业公司与北京某计算科技公司签订《云计算机房专用运算设备服务协议》约定，上海某实业公司委托北京某计算科技公司对案涉服务器提供机房技术服务，北京某计算科技公司应保证供电并确保设备正常持续运营。因案涉服务期间机房多次断电，上海某实业公司以北京某计算科技公司违约为由，诉请人民法院判令北京某计算科技公司赔偿比特币收益损失 530 余万元[1]。

（二）法院裁判

比特币"挖矿"活动系风险投资活动，在比特币"挖矿"活动中出现的政策风险、技术风险等以及由其引发的投资损失风险，由投资者自行负担。本案中，原被告对托管维护矿机并进行比特币"挖矿"活动的合同无效，均有一定过错，相关后果由各方自担。判决驳回原告上海某实业公司的诉讼请求。

二、以案说法

本案的争议焦点为案涉挖矿行为的性质认定、效力评价以及责任负担问题，以下分述之：

（一）"挖矿"行为的性质

比特币是一种通过特定计算机程序计算出来的虚拟电子货币，具有去中心化、总量有限、使用不受地域限制和匿名性等特点，是一种结合了开源软件工程模式、密码学原理和工作量证明机制的开源程序。每个参与者在执行特定算法成功时，就有机会获得一定数量的比特币作为奖励，通过这种途径获得比特币的方法被称为"挖矿"。2013 年 12 月 5 日，中国人民银行等五部门联合下

---

[1] 详可参见（2021）京 0101 民初 6309 号民事判决书。

发《关于防范比特币风险的通知》。该通知指出：从性质上看，比特币应当是一种特定的虚拟商品，不具有与货币等同的法律地位，不能且不应作为货币在市场上流通使用。《中华人民共和国民法典》第 127 条规定，法律对数据、网络虚拟财产的保护有规定的，依照其规定。但目前尚无法律对比特币等虚拟商品作出具体规定，故对于比特币以及比特币"挖矿"活动的性质认定比特币系一种特定虚拟商品，而比特币"挖矿"活动系通过一定设备及行为获取虚拟商品比特币的相关投资活动。

本案中，原被告双方对进行比特币"挖矿"活动均不持异议，在案涉 685 台服务器（矿机）的所有权归属北京某计算科技公司之前，由北京某计算科技公司提供相应技术服务和基础设施服务，负责管理维护上海某实业公司托管的该 685 台矿机进行"挖矿"活动，上海某实业公司支付相应费用，挖矿所得比特币交付上海某实业公司。基于此，从形式上看，原被告双方之间形成了具有委托、服务特点的综合性合同关系，但从本质上看，该"挖矿"活动系上海某实业公司追求比特币收获的风险投资活动，投资者须自行承担相关投资风险。

（二）"挖矿"行为的效力评价

《中华人民共和国民法典》第 9 条规定，民事主体从事民事活动，应当有利于节约资源、保护生态环境。而比特币"挖矿"活动，电力能源消耗巨大，不利于高质量发展、节能减排和"碳达峰、碳中和"的实现。加之，包括比特币在内的虚拟货币生产、交易环节衍生风险突出，已经成为一种投机性工具，存在威胁国家金融安全和社会稳定的潜在风险。2021 年 5 月 21 日，国务院金融稳定发展委员会第五十一次会议要求，打击比特币"挖矿"和交易行为。2021 年 9 月 3 日，国家发展改革委、中国人民银行等十一部门发布《关于整治虚拟货币"挖矿"活动的通知》，将虚拟货币"挖矿"活动列为淘汰类产业，按照相关规定禁止投资。国务院《促进产业结构调整暂行规定》第19条规定，对淘汰类项目，禁止投资。

综上，对于原被告之间有关托管维护矿机并进行比特币"挖矿"活动的行为与关系，因其具体委托事项与《中华人民共和国民法典》第9条规定精神相悖，亦不符合产业结构调整相关行政法规的强制性规定和监管要求，违反公序良俗，依法对其效力予以否定性评价，认定合同无效。

（三）"挖矿"行为的责任负担

比特币"挖矿"活动系风险投资活动，在比特币"挖矿"活动中出现的政策风险、技术风险等以及由其引发的投资损失风险，由投资者自行负担。本案中，原被告对托管维护矿机并进行比特币"挖矿"活动的合同无效，均有一定过错，相关后果由各方自担。

三、专家建议

本案融合了"矿机"买卖、合作分成和托管服务等多重合同关系。《中华人民共和国民法典》将环境资源保护上升至民法基本原则的地位，具有鲜明的时代特征。本案中，人民法院贯彻《中华人民共和国民法典》第9条立法精神，结合国家产业政策规定，依法认定比特币"挖矿"行为资源消耗巨大，符合民法典第153条第2款关于违背公序良俗民事法律行为无效的规定，给予相关合同效力否定性评价，彰显了人民法院积极稳妥推动"碳达峰、碳中和"的鲜明态度，对引导企业增强环保意识，走绿色低碳发展道路，具有较强的示范意义。

四、关联法条

《中华人民共和国民法典》第 9 条、第 127 条、第 153 条第 2 款;《关于整治虚拟货币"挖矿"活动的通知》第 7 款;《促进产业结构调整暂行规定》第 19 条。

因"信任危机"解除委托合同的责任谁来承担

　　委托合同是委托人和受托人约定，由受托人处理委托人事务的合同。委托合同与其他的合同相比，具有很强的人身依赖属性，委托人往往基于对特定受托人的信任将自己的事项委托给受托人，当受托人不再取得委托人的信任时，委托人可以解除委托合同。如果委托人由于丧失对受托人的信任而单方解除委托合同，受托人是否还有权要求委托人支付委托事项的费用呢？如果有权利要求委托人支付费用，费用的数额又如何认定呢？

一、案例简介

（一）基本案情

　　2015年11月10日，某山律师事务所、某河发电公司双方签订《委托合同》。合同约定：某河发电公司（以下简称"甲方"）因诉某山晨光发电有限责任公司（以下简称"晨光公司"）联营合同纠纷案件，现聘请某山律师事务所（以下简称"乙方"）律师担任本案代理人。经甲、乙双方协商一致，就有关收费事宜达成协议。2017年4月13日至2017年10月19日期间，某河发电公司擅自变更与某山律师事务所《民事诉讼授权委托书》的部分条款，单方中止某山律师事务所的二审代理权。某河发电公司应按协议约定的收费事宜支付某山律师事务所的代理费共计人民币

24717499.45 元，但经某山律师事务所多次催收，某河发电公司均拒绝支付该代理费。故某山律师事务所诉至法院[①]。

（二）法院裁判

1. 一审判决

一审法院认为，按照原、被告双方签订的《委托合同》，被告单方解除委托代理合同并非原告责任所致，导致原告方律师不能完成代理至二审终结的事务，责任在于被告，被告单方解除委托合同属于无故终止合同。因此被告应按照双方签订的《委托合同》约定的计算方式履行支付代理费的义务。判决被告某河发电公司支付原告某山律师事务所诉讼代理费 15056744.52 元。

2. 终审判决

二审法院认为，本案《委托合同》约定："如甲方（某河公司）无故终止合同，乙方（某山律所）所收的律师费不予退还。"根据法律规定和合同约定在某山律所不存在不当履约的情况下，某河公司解除某山律所的委托，应赔偿因解除合同给某山律所造成的损失。原审判决认定事实清楚，适用法律得当，实体处理正确，应当予以维持。因此驳回上诉，维持原判。

二审法院判决生效后，某河发电公司向最高人民法院申请再审，再审法院认为，某河公司有权解除与某山律所签订的案涉《委托合同》，但应向某山律所支付相应报酬。某河公司的再审请求部分成立，原审判决认定部分事实不清，适用法律错误，应予纠正。撤销一审判决、二审判决，判决某河发电公司向某山律师事务所支付 100 万元。

---

① 详可参见（2019）云民终 296 号民事判决书。

二、以案说法

本案的争议焦点为：一是案涉委托合同是否有效？二是某河公司应否向某山律所支付费用，如应支付，金额如何确定？

（一）关于委托合同的效力问题

某河公司主张，某山律所主任刘某与某河公司原董事长田某存在恶意串通损害某河公司的行为，相关合同的签订也未经过内部程序，故合同无效。根据原《中华人民共和国合同法》（已废止）第52条合同无效的规定，某河公司未提交证据证明刘某与某河公司原法定代表人田某存在恶意串通损害某河公司利益的行为。根据某河公司的公司章程规定，某河公司时任法定代表人田某能够代表公司对外签订合同，与某山律所签订委托合同亦属于其职权范围内，未履行内部程序并不导致合同无效，委托合同亦不违反法律与行政法规的效力性强制规定，应属合法有效。

（二）关于支付费用的问题

某河公司主张，某山律所在之前代理的案件中损害某河公司利益，致使某河公司失去信任，因此解除某山律所关于晨光案的代理，某河公司不应支付晨光案的代理费。根据法律规定，委托合同具有人身信赖性，即对于委托人而言，其基于对受托人办事能力和声誉德行的了解与信赖，委托受托人处理委托事务，并承受该处理结果。这种信赖性是委托法律关系的基础，也是委托合同解除后判定责任的重要标准。一方面，当信赖的基础丧失之后，若继续将委托人与受托人约束在委托合同关系之中，既不利于委托事务的履行，也不利于合同目的的实现，故原《中华人民共和国合同法》（已废止）第410条规定任意解除权以使得当事人从委托合同关系中解脱。另一方面，委托合同解除后的归责应充分考虑信赖基础丧失的原因, 即在委托合同履行过程中, 何者行为导致双方信赖基础丧失, 致使委托合同关系无法维系。当委托人与受托人同时存在多项委托事务时, 即使在其他委托事务中受托人存在损害委托人利益的行为, 破坏了双方信赖关系, 该行为仍然可能构成本委托事项解除的重要原因。

本案中, 根据原《中华人民共和国合同法》(已废止) 第410条的规定, 某河公司有权单方解除受托人某山律所关于晨光案的代理, 其于2017年10月19日向云南省高级人民法院作出的《关于某河发电公司联营合同纠纷案件授权委托情况说明》不再委托某山律所作为诉讼代理人, 表明某河公司已经解除了合同。此时, 晨光案尚未作出生效判决, 某山律所没有完成全部委托事务。合同解除后, 某山律所请求依照合同约定判令某河公司支付代理费, 没有事实和法律依据。

(三) 关于支付金额的问题

依据原《中华人民共和国合同法》(已废止) 的相关规定, 委托合同解除后, 受托人可以向委托人主张垫付的费用及利息、相应报酬和赔偿损失。根据本案已查明事实, 某山律所代理之前案件的不当行为破坏了双方之间的信赖关系, 因此晨光案委托合同的解除不能完全归责于某河公司。结合案涉委托合同解除的原因、某山律所完成的晨光案部分代理任务、律师收费市场的一般状况、本案实际情况等因素, 从公平角度出发, 法院酌定由某河公司向某山律所支付相应报酬100万元。

三、专家建议

委托人因为对受托人产生信任危机而解除委托合同, 从形式上看是委托人单方解除合同导致受托人无法继续履行义务, 看似是委托人无故解除委托合同导致合同无法履行，委托人是过错方。但是，委托人解除合同是因为对受托人丧失了信赖，受托人的不当行为使委托人丧失信赖才是导致合同解除的根本原因，因此委托人因信任危机解除合同的根源是受托人的过错，理应由受托人承担不利后果。

四、关联法条

《中华人民共和国合同法》（已废止）第 52 条、第 410 条、第 97 条、第 398 条、第 405 条；《中华人民共和国民法典》第 566 条、第 933 条、第 921 条、第 928 条。

平台代运营合同是何属性

互联网购物平台具有产品覆盖面广、受众群体广、使用无时空限制、推广便捷等有别于传统购物平台的特质，运营互联网购物平台所涉及的权利义务也有别于传统的合同内容。当电商经营者与代运营方签订合同时，此合同是否属于传统意义上的委托合同有待商榷。除此之外，互联网购物平台所使用的推广链接虽然并非商品链接，但因在网络购物平台上的推广行为能促进产品销售并为店铺带来浏览量，客观上会起到引流的作用进而提高店铺销量，因此推广链接具有财产属性。如果因推广链接产生纠纷，受损失的一方当事人有权请求赔偿。

一、案例简介

（一）基本案情

2020 年 3 月 30 日，某腾公司（甲方）与某头筹公司（乙方）签订《"某小仙"拼多多旗舰店代运营服务合作协议》，该协议约定甲方委托和授权乙方在甲方以主体注册的电商平台进行运营服务，合同期限自 2020 年 4 月 1 日 0 时起至 2021 年 3 月 31 日 24 点整止，之后，某腾公司更名为某小仙公司。2021 年 3 月 31 日，头筹公司在运营"某小仙"电商旗舰店时，于当日 10 点左右删除 3 种商品的推广链接。2021 年 3 月 31 日 12 点 50 分，某小仙公司登录"某小仙旗舰店运营"账号后，对账号的登录密码进行了修改，导致某头筹公司无法登录该账号。2021 年 4 月 6 日，某小仙公司向某头筹公司发出《告知函》，并提出 2021 年 3 月 31 日上午某头筹公司故意删除其司电商平台上正常经营的 3 款爆款商品的链接，侵犯其公司的私有财产，导致经济损失，其行为属于严重违约，要求赔偿经济损失 33.36 万元。2021 年 4 月 20 日，某头筹公司向某小仙公司发出《告知函》，另以协议约定某小仙公司应支付滞纳金为 86012.76 元；某小仙公司于 2021 年 3 月 31 日中午提前收回店铺权限，属于违约行为，应当支付违约金 264198.12 元，合计 350210.88 元①。

（二）法院裁判

1. 一审判决

一审法院认为，某头筹公司在前述合作协议履行期间，因过错造成某小仙公司的损失，某小仙公司行使同时履行抗辩权，暂缓向某头筹公司支付的金额应以某头筹公司应承担的债务金额为限。双方在前述合同协议中约定的逾期支付货款滞纳金，实际为对逾期付款违约行为的处罚条款，属于逾期付款违约金范畴。判决：（1）由某头筹公司支付某小仙公司违约损害赔偿金 2 万元；（2）由某小仙公司支付某头筹公司逾期付款违约金；（3）驳回某小仙公司的其他诉讼请求；（4）驳回某头筹公司的其他诉讼请求。

2. 终审判决

二审法院认为，某头筹公司无合理理由删除推广链接的行为违反合同履行中的诚实信用原则，应当认定为违约并承担相应的违约责任。某小仙公司的行为并不构成违约，某头筹公司请求某小仙公司支付逾期付款滞纳金及违约金的主张，无事实和法律依据，不予

---

① 详可参见（2022）渝 05 民终 6501 号民事判决书。

支持。判决如下：维持一审判决第一、三项；撤销第二、四项。

二、以案说法

本案的争议焦点为：本案的合同性质；某头筹公司是否违约以及应当承担的责任范围；某小仙公司是否违约以及应当承担的责任范围。

（一）委托合同的性质认定

首先，合同的性质应根据合同目的、内容等进行综合界定。委托合同与服务合同本身存在着交叉与竞合的内容，并无明确的分界线，平台代运营服务合同的性质认定在目前的司法实践中亦存在着较大争议。而法律关系性质的认定不应仅取决于合同名称，平台代运营合同的性质亦不宜一概而论，应当根据具体合同内容、主要条款、合同目的、所涉及的法律关系即当事人约定的权利义务关系及交易模式等进行综合判定。案涉合同具有委托合同的部分特征，但又不属于通常意义的委托合同。委托合同是委托人和受托人约定，由受托人处理委托人事务的合同。本案中，某小仙公司委托和授权某头筹公司在某小仙公司以主体注册的拼多多平台进行运营服务。按照上述约定，某头筹公司系以某小仙旗舰店的名义在电商平台上销售某小仙公司产品，该部分合作形式明显符合委托合同的特质。但与普通委托合同相区别的是，某头筹公司拥有较强的运营自主权，并非按照某小仙公司的指示处理各项具体事务，委托合同难以将案涉协议的权利义务内容完全囊括其中。

其次，案涉合同亦具有服务合同的要素。服务合同是指服务提供者与服务接受者之间约定的有关权利义务关系的协议。通常来说，服务合同的一方主体多为专门从事服务业的自然人、法人或者非法人组织。本案合同明确约定某头筹公司在某小仙公司以主体注册的电商平台进行运营服务，其所提供的代运营服务具有较强的专业性，且拥有运营自主权，某头筹公司按照合同约定的方式提取佣金，自行承担本公司的经营成本，亦符合服务合同的特征。法院认为案涉协议兼具了委托合同与服务合同的部分特质，但又不能单纯地认定为委托合同或者服务合同，应当认定为无名合同。

（二）违约的认定

虽然某头筹公司拥有独立的运营权限，但其作为接受委托的服务提供方，应当遵循诚实信用原则并以某小仙公司的利益最大化为标准履行合同，因此某头筹公司删除推广链接的行为构成违约。删除排名靠前商品的推广链接必然会影响相应商品及店铺其他商品的销量，但销量与多种因素相关，并不仅仅依赖于推广情况。应当结合原商品排名情况、为店铺引流价值、删除链接后销量减少的情况、合同正常履行过程当中的日常推广支出以及重新达到原推广程度的支出等多方面因素综合认定某小仙公司的损失。

某头筹公司在案涉合同正常履行过程中无合理理由删除了某小仙公司排名较为靠前的三款商品的推广链接，必然会给拼多多某小仙旗舰店的销售带来消极影响，某小仙公司为预防某头筹公司进一步损害其利益，通过修改密码的方式阻止某头筹公司登录运营账号系为防止损失扩大、维护其正当权益的合理行为，不应认定为违约。

三、专家建议

随着电子商务产业的兴起与蓬勃发展，电商平台代运营业务已经成为电子商务产业不可或缺的组成部分。电商平台代运营合同通常是由电商经营者和代运营方签订，代运营方接受委托为电商经营者的店铺、账号提供设计、经营、营销、推广等服务并收取费用的合同，其与传统的委托合同和服务合同存在一定的区别，在实务中要根据具体案情对该合同性质进行精准的定位，不可盲目地使用委托合同或服务合同的相关规定认定法律关系。

四、关联法条

《中华人民共和国民法典》第 465 条、第 509 条、第 526 条、第 577 条、第 919 条。

十三、物业服务合同纠纷

业主有权在车位安装充电桩吗

随着新能源汽车的不断发展，越来越多的购车人选择购买新能源汽车，而新能源汽车的充电桩则是新能源汽车不可缺少的"伴侣"。传统的物业服务合同只会涉及停车位的相关内容，物业服务合同尚未随着新能源汽车的发展考虑到充电桩的问题。使用新能源汽车的业主对在停车位上安装充电桩的需求十分迫切，但是小区物业常常以新能源车频繁发生自燃事故、拉设专线需要经过共有部分、破坏承重梁结构及外观等原因，不向业主出具同意安装充电桩的证明，此时业主有权利依法维权。

一、案例简介

（一）基本案情

范某系重庆市江津区双福街道某车位的所有权人。该车位所在小区的前期物业服务企业是某物业管理有限公司。2019年3月16日，范某与某物业管理有限公司签订《停车位物业管理服务协议》，约定了双方的权利和义务、物业服务内容等；该协议第4条约定：本协议中未规定的事宜，遵照国家有关法律、法规和规章执行。案涉停车位的管理费为80元/月·位。范某购买新能源汽车后，向供电企业申请在案涉停车位安装充电桩时，被告知申请材料中应当包含小区物业服务企业出具的同意该业主在其停车位安装充电桩的证明。从 2019 年 9 月 5 日开始，范某自行或街道办、住建委等相关部门数次和物业公司沟通要求出具同意安装充电桩的证明未果，范某遂向法院提起诉讼，请求判令某物业管理有限公司于 2019 年 11 月 14 日出具同意安装新能源汽车充电桩证明①。

（二）法院裁判

法院认为，当事人行使权利、履行义务应当遵循诚实信用原则。范某与某物业管理有限公司签订有《停车位物业管理服务协议》，双方系物业服务合同关系，在服务内容的确定上，应当以协议为基础，结合诚实信用原则确定。

大力发展电动汽车，对保障能源安全、促进节能减排、防治大气污染等具有重要意义，而充电设施建设，是电动汽车应用推广的重要举措，国家部委、重庆市发布的相关部门规章、行政规章等均要求物业服务企业在充电设施建设时予以配合、提供便利。按照原被告双方签订的《停车位物业管理服务协议》第 4 条约定，本协议中未规定的事宜，遵照国家有关法律、法规和规章执行。范某申请在其停车位安装充电桩，按供电企业要求，需小区物业服务企业出具证明，该"出具证明"为前述协议第 4 条规定所涵盖，属于某物业公司的合同义务，其应当履行。

判决被告某物业管理有限公司立即向原告范某出具同意在其停车位安装新能源汽车充电桩的证明。

---

① 详可参见（2019）渝 0116 民初 12700 号民事判决书。

二、以案说法

本案的争议焦点主要有两个：一是物业服务合同中服务内容不明时应当如何认定？二是物业服务合同中约定的"遵照国家有关法律、法规和规章执行"意味着什么？

（一）物业服务合同服务内容的确定

物业服务合同的内容一般包括服务事项、服务质量、服务费用的标准和收取办法、维修资金的使用、服务用房的管理和使用、服务期限、服务交接等条款。在本案中，范某与某物业管理有限公司签订的《停车位物业管理服务协议》为二者之间的物业服务合同，范某为停车位安装充电桩的行为与协议中物业的服务事项和服务质量有关。《停车位物业管理服务协议》中并未有明确的条款对范某是否有权在自家停车位安装充电桩进行说明，但是该协议第4条约定："本协议中未规定的事宜，遵照国家有关法律、法规和规章执行。"法院认为本案争议的焦点应当依据该条约定参照国家有关法律、法规和规章执行。

（二）参照国家有关行政法律规定

范某购买新能源汽车后，向供电企业申请在案涉停车位安装充电桩时，被告知申请材料中应当包含小区物业服务企业出具的同意该业主在其停车位安装充电桩的证明。供电企业要求范某提供小区物业服务企业出具的同意书，这一要求是依据国家对停车位安装充电桩的相关规定提出的，国家部委、地方政府发布的行政规范性文件等均要求物业服务企业在充电设施建设时予以配合，提供便利。因此，法院在"协助安装充电桩"未写入合同约定、相关法律尚未直接规定的情况下，参照行政法律规范的规定，认为某物业管理有限公司应当协助业主在自用车库安装汽车充电桩。

三、专家建议

本案是全国首例判决支持物业服务企业在履行物业服务合同中，参照行政法律规范的规定，协助业主在自用车库安装汽车充电桩的案件，要实现新能源汽车的普及推广，配套设施建设和配套机制建设尤其重要。国家部委、地方政府发布的行政规范性文件等均要求物业服务企业在充电设施建设时予以配合，提供便利。在"协助安装充电桩"未写入合同约定，相关法律尚未直接规定的情况下，本案通过对协助义务的合法性、合理性审查，在排除阻却事由确保客观可行性情况下，判决物业服务企业应当按照诚实信用的原则履行协助安装充电桩的义务。本案提醒各位业主，当广大业主与物业服务企业的物业服务合同对某一具体事项尚未作出约定时，业主可以依据国家对该事项的相关规定积极维权。

四、关联法条

《中华人民共和国民法典》第 509 条（原《中华人民共和国合同法》第 60 条）、第 937 条、第 938 条;《中华人民共和国物业管理条例》第 35 条。

烟花引燃他人房屋，谁来担责

烟花爆竹虽美丽，但美丽的东西也很危险。在小区燃放烟花爆竹存在诸多安全隐患，严重的则关乎业主的生命安全。物业服务公司作为业主的安全保障者，势必要尽到合理的注意义务和安全保障义务，保护业主的人身安全和财产安全。

一、案例简介

（一）基本案情

2009 年 12 月 29 日，赵某与某鑫公司签订《商品房买卖合同》，某中一物业管理有限公司为其物业，约定购买该公司开发建设的万鑫大厦 B 座 3407 室、3507 室，建筑面积 200.05 平方米的跃层公寓。2011 年 2 月 3 日 0 时 15 分许，万鑫大厦发生火灾，将赵某屋内物品烧毁。火灾事故认定书认定起火原因为：李某（A 座的住店客人）燃放的组合烟花落至 B 座 11 层 1109 房间南侧室外平台上，引燃铺设在平台上的塑料草坪，造成墙体外表面装饰保温材料燃烧。灾害成因为：由于万鑫大厦外墙保温采用了挤塑板等可燃材料，起火后火势迅速蔓延，形成立体燃烧[①]。

---

① 详可参见（2018）最高法民再 206 号民事判决书。

（二）法院裁判

1. 一审判决

一审法院认为，某鑫公司及某中一物业公司并未直接实施导致万鑫大厦火灾的侵权行为，现有证据亦无法证明某鑫公司及某中一物业公司对于万鑫大厦火灾存在过错，故赵某请求判令某鑫公司及某中一物业公司就其财产损失承担相应赔偿责任，缺乏事实及法律依据，一审法院不予支持。

2. 终审判决

二审法院认为，一审判决认定事实清楚，适用法律正确，应予维持，驳回上诉，维持原判。

再审法院认为，某鑫公司作为万鑫大厦建设方、开发商、外墙使用者，是万鑫大厦消防安全责任主体。某鑫公司未尽到消防安全注意义务，未采取补救措施消减消防隐患，即向购房人赵某交付房屋，过错明显，一、二审认定某鑫公司不存在过错，事实及法律依据不足。某鑫公司因过错侵害赵某的民事权益，依法应承担侵权责任。较某鑫公司及某中一物业公司而言，赵某对火灾的发生并无过错。一、二审判决认定某鑫公司、某中一物业公司不承担侵权赔偿责任，意味着由无过错的受害人自行承担因他人过失引发火灾造成的财产损失，有违侵权过错原则，原判决实体处理失衡，本院予以纠正，某中一物业公司依法应当承担侵权责任。

再审法院酌定某鑫公司对赵某的损失承担 40% 的赔偿责任，某中一物业公司在赵某全部损失不超过 30% 的范围内承担补充责任。

二、以案说法

本案争议的焦点问题为：（1）某中一物业公司应否对火灾造成赵某的财产损失承担侵权赔偿责任；（2）如承担责任，某鑫公司、某中一物业公司承担的侵权责任范围应如何认定。

（一）侵权赔偿责任的认定

根据《中华人民共和国民法典》的相关规定，行为人因过错侵害他人民事权益造成损害的，应当承担侵权责任。我国侵权责任的成立，必须具备违法行为、损害事实、因果关系和主观过错四个要件，四者缺一不能构成侵权责任。

2007 年 8 月 26 日，国务院修订的《物业管理条例》第 46 条第 1 款规定："对物业管理区域内违反有关治安、环保、物业装饰装修和使用等方面法律、法规规定的行为，物业服务企业应当制止，并及时向有关行政管理部门报告。"第 47 条第 1 款规定："物业服务企业应当协助做好物业管理区域内的安全防范工作。发生安全事故时，物业服务企业在采取应急措施的同时，应当及时向有关行政管理部门报告，协助做好救助工作。"具有物业服务合同性质的《皇朝万鑫国际大厦（公寓）业主临时公约》第 21 条约定，当万鑫大厦物业存在安全隐患，危及公共利益或其他业主合法权益时，某中一物业公司应当及时采取措施消除隐患。可见，业主人身、财产安全得到基本保障应为业主签订物业服务合同的合同目的之一。本案中，某中一物业公司未履行法定或约定的安全防范义务，属于违法行为；除夕夜燃放烟花爆竹是我国传统民俗，某中一物业公司应当预见烟火燃放的潜在风险，却怠于履行春节期间物业安保的特别注意职责，其存在主观过错；随后造成业主赵某财产损害的的事实；某中一物业公司未能适当履行物业安全防范职责与火灾发生间存在关联关系。据此，某中一物业公司应承担相应的侵权赔偿民事责任。

（二）侵权赔偿范围的认定

《中华人民共和国侵权责任法》（已废止）第 12 条规定，二人以上分别实施侵权行为造成同一损害，能够确定责任大小的，各自承担相应的责任。本案中，某鑫公司过错亦不足以造成全部损失，不应对受害人全部损失承担赔偿责任，某鑫公司毕竟并非主动积极的行为致赵某权益受损，亦不应承担主要责任。某中一物业公司在物业安全防范方面没有尽责，存在管理疏漏，具有过错，但其行为并未直接导致火灾发生。因某鑫公司等侵权导致赵某的民事权益受损，由某鑫公司等首先承担赔偿责任，某中一物业公司应当在其预见和能够防范的范围内承担相应的补充责任。

三、专家建议

购房者在购房时一定要向卖房者以及物业服务管理公司询问和确认房屋质量的相关问题，也要审查合同中与房屋质量相关的条款。当业主的合法权益受到侵害时，即使该行为并不是物业服务管理公司直接或间接实施的，但是业主依然有权利向物业服务管理公司主张权利，因为物业服务管理公司根据《物业管理条例》以及物业服务合同，其有义务保障业主的人身安全和财产安全。当业主的合法权益受到侵害时，要积极地寻求物业服务管理公司的帮助，也可以依法追究物业服务管理公司的责任。

四、关联法条

《中华人民共和国民法通则》（已废止）第 75 条;《中华人民共和国合同法》（已废止）第 61 条、第 62 条;《中华人民共和国侵权责任法》（已废止）第 2 条、第 6 条、第 12 条；《中华人民共和国民法典》第 510 条、第 511 条、第 1164 条、第 1165 条、第 1172 条；《物业管理条例》第 46 条第 1 款、第 47 条第 1 款；《最高人民法院关于民事诉讼证据的若干规定》第 2 条。

十四、行纪合同纠纷

租赁公司代为出租车辆，责任如何划分

行纪合同在实践中被广泛应用，在涉及汽车租赁业务时较易引发纠纷。纠纷可能源于车辆的管理、损坏、失窃或合同违规等问题，进而牵涉复杂的法律责任和经济赔偿。每一次租赁交易，不只是简单的钥匙交接，更是行纪合同中权利与责任的交织体现。当车辆租赁过程中出现问题时，就会引发复杂的法律纠纷，给双方当事人带来不小的困扰。因此，理解和审慎处理行纪合同中的条款至关重要。

一、案例简介

（一）基本案情

2011 年 2 月 19 日，赵某以 89600 元购买二手汽车一辆，并于同年办理了车辆过户登记。后赵某将自己车辆放在被告某市 A 汽车租赁有限公司，由该公司对外出租。双方口头约定：车辆租出去，赵某得 85％的租赁费，A 公司提取 15％的管理费；车辆没有租出去，没有费用。2011 年 11 月 17 日，A 公司按照公司规定，审查了王某用于租车的有关手续，与王某签订了租赁合同，将赵某车辆出租给王某，约定租期 7 天。租赁期限届满后，王某未及

时归还所租车辆。A 公司既找不到王某，也找不到王某所租车辆。原被告双方为此发生纠纷，赵某向某市湖滨区人民法院提起诉讼，请求 A 公司归还车辆并赔偿损失。①

（二）法院裁判

1. 一审判决

一审法院审理后认为，赵某将自己车辆放置在 A 公司对外出租，双方有口头约定。王某从 A 公司租赁车辆后，向张某借款，将租赁的轿车留置在张某处，事实清楚。赵某主张其与 A 公司是租赁关系，未能提供证据，A 公司也不予认可，不予认定。根据事实，赵某与 A 公司之间为委托代理关系，A 公司受赵某委托，代赵某将汽车出租。该车出租后，A 公司既非车辆承租人，又非车辆占有人，赵某要求 A 公司返还车辆，缺乏事实和法律依据，故驳回赵某的诉讼请求。

2. 终审判决

终审法院认为：A 公司以自己的名义与第三人王某签订汽车租赁合同，所得收益的 15% 归 A 公司所有，应视为委托人赵某支付的报酬。因此，赵某与 A 公司之间构成行纪合同关系。A 公司将车租出后，第三人王某不履行合同义务，导致车辆无法追回，A 公司应承担赔偿责任。故判决 A 汽车租赁有限公司自判决生效之日起五日内归还赵某的车辆。如不能归还，赔偿赵某购车价款 89600 元。

二、以案说法

本案的争议焦点是赵某和 A 公司之间成立的是委托合同关系

---

① 详可参见（2013）三民再字第 34 号民事判决书。

还是行纪合同关系。

一审法院认为，A公司与赵某之间系委托代理关系，赵某将其所有的车辆委托A公司出租，A公司作为代理人，其代理行为后果及风险应由赵某承担。本案A公司履行了代理职责，在车辆出租过程中也无过错。租车人王某行为与A公司无关。据此，A公司不应承担本案责任。二审法院则认为，A公司并未以赵某名义出租，而以A公司名义对外租赁，赵某与王某间无租赁合同关系。因此，赵某与A公司系行纪合同关系，A公司应承担赔偿责任。

在行纪合同法律关系中，接受委托的一方为行纪人，而另一方则为委托人。其最显著特征就是行纪人为了委托人的利益行事，但必须以自己的名义与第三人实施交易活动。区别于委托合同，行纪人是以自己的名义与第三人签订合同，由行纪人直接享有合同权利、承担合同义务。除委托人与行纪人另有约定外，在第三人不履行其与行纪人之间的合同致使委托人利益受到损害的情况下，根据合同相对性原理，委托人基于合法有效的合同享有请求权，应当由行纪人承担赔偿责任，委托人不得直接对第三人行使请求权。

《中华人民共和国民法典》第919条规定：委托合同是委托人和受托人约定，由受托人处理委托人事务的合同。第925条规定：受托人以自己的名义，在委托人的授权范围内与第三人订立的合同，第三人在订立合同时知道受托人与委托人之间的代理关系的，该合同直接约束委托人和第三人；但是，有确切证据证明该合同只约束受托人和第三人的除外。第951条规定：行纪合同是行纪人以自己的名义为委托人从事贸易活动，委托人支付报酬的合同。第958条规定：行纪人与第三人订立合同的，行纪人对该合同直接享有权利、承担义务。第三人不履行义务致使委托人受到损害的，行纪人应当承担赔偿责任，但是行纪人与委托人另有约定的除外。

由以上法条可得，行纪合同法律关系最显著特征就是行纪人为了委托人的利益行事，但须以自己的名义与第三人实施交易活动。行纪合同区别于委托合同，行纪人以自己的名义与第三人签订合同，由行纪人直接享有合同权利、承担合同义务。除委托人与行纪人另有约定外，在第三人不履行其与行纪人之间的合同致使委托人利益受到损害的情况下，根据合同相对性原理，委托人基于合法有效的合同享有请求权，应当由行纪人承担赔偿责任，委托人不得直接对第三人行使请求权。

本案中，A 公司以自己的名义将赵某的轿车出租给王某并直接收取租金的行为，不具备委托代理的特点，而是行纪合同法律关系。因 A 公司将赵某的轿车出租给第三人，第三人对租赁物造成损失，故承租人 A 公司应当承担民事赔偿责任。

三、专家建议

建议车主在交付车辆给租赁公司前，应仔细审查和理解合同中的条款，并明确车辆的管理、风险承担以及违约的责任条款。特别关注涉及车辆管理、事故处理、风险分配和违约责任的部分。同时，保留所有交易、通信记录作为可能的法律证据。一旦发生纠纷，应及时寻求法律专家建议，并根据实际情况选择和解、诉讼等途径，以保护自己的合法权益。

四、关联法条

《中华人民共和国民法典》第 919 条、第 925 条、第 951 条、第 958 条。

十五、中介合同纠纷

中介人不应当成为"冤大头"

在房屋买卖交易中，买卖房屋的事项多交由中介服务公司负责，然后由委托人向中介人支付报酬。但是实践中也存在中介公司被"抛弃"的情形，即买卖双方通过中介服务认识彼此后，表示自己无法出售或购买相关房屋，与中介服务公司解除中介合同后又私下进行相关房屋的交易，以达成逃避中介费的目的。此种行为有悖法律和道德，中介人有权依法维权。

一、案例简介

（一）基本案情

2020 年 9 月，曹某夫妇意欲出售位于 ×× 县房屋，常某有意在阳城一中附近购买一套房屋。经安居屋公司牵线，曹某夫妇与常某于 2020 年 9 月 21 日签订购房合同，安居屋公司为合同的丙方。当日，常某付给安居屋公司中介费 12100 元。后常某办理不了住房公积金贷款，经过多次协商，确定不能贷款后，安居屋公司的工作人员表示可以解除合同。2020 年 10 月 22 日，三方协商解除了购房合同，安居屋公司退还常某中介费 12100 元。合同解除后约 20 天，常某全款购买了曹某夫妇的房子，并于 2021 年 3

月办理了过户手续。安居屋公司认为曹某夫妇和常某是为了逃避中介费，欺骗安居屋公司不进行房屋买卖了，结果解除合同后双方又私下达成购房协议，故要求常某支付中介费。①

（二）法院裁判

1. 一审判决

一审法院认为，被告曹某夫妇与被告常某虽在原告安居屋公司的参与下达成购房协议，但因常某无法办理贷款手续，三方均同意解除合同，曹某夫妇退还了订金，原告退还了中介费，合同已经解除。尽管被告方在解除合同后又重新达成购房协议，但原告方没有充分证据证明被告方解除合同是为了逃避中介费，不能排除常某在解除合同后因机缘巧合卖掉现有住房，取得购房条件的可能。故原告安居屋公司要求被告曹某、常某重新支付其中介费的诉讼请求，缺乏事实和法律依据，一审法院不予支持。

2. 终审判决

二审法院认为，安居屋公司按照协议履行了提供资源信息并促使买卖双方见面洽谈等促成交易的义务，为常某节省了时间精力，常某在满足自身需求的同时理应本着契约精神为自己的获益支付对价。鉴于中介服务除负有提供房源信息、带客户看房义务外，还有促使双方正式合同成立，协助办理过户、贷款等义务，综合考虑到已完成中介服务项目的程度，本院酌情认定被上诉人常某支付安居屋公司服务费7260元。

二、以案说法

本案的争议焦点有两个：一是本案的法律适用问题；二是

———————

① 详可参见（2021）晋05民终1223号民事判决书。

根据适用法律曹某夫妇、常某应否支付安居屋公司中介服务费 12100 元？

（一）本案的法律适用问题

《中华人民共和国合同法》（已废止）第 426 条第 1 款规定，居间人促成合同成立的，委托人应当按照约定支付报酬。居间人提供居间服务后，委托人与相对人未在居间人主持下签订合同，而是另行签订合同，委托人是否应当支付报酬的情形，《中华人民共和国合同法》及司法解释中没有明确规定，而《中华人民共和国民法典》对此进行了规定。《中华人民共和国民法典》第 965 条规定，委托人在接受中介人的服务后，利用中介人提供的交易机会或者媒介服务，绕开中介人直接订立合同的，应当向中介人支付报酬。《最高人民法院关于适用〈中华人民共和国民法典〉时间效力的若干规定》第 3 条规定：《中华人民共和国民法典》施行前的法律事实引起的民事纠纷案件，当时的法律、司法解释没有规定而《中华人民共和国民法典》有规定的，可以适用《中华人民共和国民法典》的规定，但是明显减损当事人合法权益、增加当事人法定义务或者背离当事人合理预期的除外。本案虽案涉法律事实发生于 2021 年 1 月 1 日之前，但委托人在接受并利用中介服务后绕开中介人直接与相对人订立合同，实际上系一方面利用中介人提供的信息和服务，一方面又绕开中介人与相对人直接订立合同使中介人得不到报酬，委托人以此方式不支付中介费的行为违背了诚信原则，不利于鼓励诚信交易，故适用《中华人民共和国民法典》第 965 条之规定——不存在明显减损当事人合法权益、增加当事人法定义务或者背离当事人合理预期的情况，本案依法适用《中华人民共和国民法典》的规定进行处理。

（二）中介费的支付方

中介合同是中介人向委托人报告订立合同的机会或者提供订立合同的媒介服务，委托人支付报酬的合同。中介人促成合同成立的，委托人应当按照约定支付报酬。对中介人的报酬没有约定或者约定不明确，一般情况下是根据中介人的劳务合理确定。因中介人提供订立合同的媒介而促成合同成立的，由该合同的当事人平均负担中介人的报酬。本案中，因三方在之前签订的《房屋买卖合同》第6项三方权利义务中明确约定由买方常某支付中介服务费以及由买受人承担中介费的行业惯例，故即使房屋买卖成交后，曹某夫妇也无支付中介服务费的义务。安居屋公司按照协议履行了提供资源信息并促使买卖双方见面洽谈等促成交易的义务，为常某节省了时间精力，常某在满足自身需求的同时理应本着契约精神为自己的获益支付对价。鉴于中介服务除负有提供房源信息、带客户看房义务外，还有促使双方正式合同成立、协助办理过户、贷款等义务，综合考虑到已完成中介服务项目的程度，本院酌情认定被上诉人常某支付安居屋公司服务费7260元。

三、专家建议

中介服务人员在房屋买卖的过程中发挥着重要的作用，中介服务的存在在一定程度上可以维护房屋买卖市场的秩序以及提高房屋买卖的效率。中介服务人员在为买卖双方节省大量时间成本的同时，也最大限度地为卖家寻找到最合适的买家、为买家寻找到最合适的房源，因此，当买卖双方选择中介服务、签订中介合同后，理应本着诚实信用的原则支付中介费。买卖双方在中介服务人员"牵线搭桥"相识后，就抛下中介私下达成交易的行为，既不符合我国法律对中介合同的规定，也会使得为促成交易奔波劳累的中介行业寒心，这也不利于弘扬中华民族诚实信用的传统文化。

四、关联法条

《中华人民共和国民法典》第 965 条；《最高人民法院关于适用〈中华人民共和国民法典〉时间效力的若干规定》第 3 条。

隐形中介服务如何认定

提供中介服务或居间服务的方式有很多，除了最常见的"牵线搭桥"，实践中还存在一种调解、监督、协助式的中介服务，即当事人双方在第三人的协调下达成某种互负权利义务的协议，随后由第三人负责督促、协助、监督当事人双方履行协议，中介人由此获得服务费。此种中介服务模式会"隐形化"中介人的服务过程和服务成果，当发生争议时，双方当事人常以中介人并未按约提供中介服务而逃避支付中介费。

一、案例简介

（一）基本案情

2015年2月9日，甘肃某院受理甘肃九建诉某化工、某产业园建设工程施工合同纠纷一案，审理过程中经甘肃某院主持调解，双方于2015年6月8日达成调解协议，以（2015）甘民一初字第2号民事调解书结案。2015年7月31日，某化工、某产业园作为甲方，杜某为乙方，某盛公司为丙方，三方签订《居间服务协议》，协议内容为甘肃九建诉某化工、某产业园建设工程施工合同纠纷一案，经丙方协调，在甘肃某院主持下达成民事调解书，现经过甲、乙、丙三方充分协商，就履行调解书付款方式达成居间服务协议，协议认可"丙方为达成甲、乙双方之间的和解作出了大量工作"，并且约定"甲方及乙方均同意由甲方以银行承兑汇票方式向乙方支付的款项由丙方负责贴现后转付给乙方（乙方可直接使用的除外）""乙方同意按照甲方应支付款项 1.03 亿元的 5% 向丙方支付居间服务费用"等内容。后某化工、某产业园未按调解书履行付款义务，某盛公司未办理协议约定的票据贴现业务，杜某亦未向某盛公司支付服务费用 [①]。

（二）法院裁判

1. 一审判决

某盛公司向一审法院起诉请求依法判令甘肃九建、杜某向某盛公司支付居间服务费 515 万元，一审法院驳回某盛公司的诉讼请求。

2. 终审判决

二审法院认为，调解协议达成在前，《居间服务协议》订立在后，《居间服务协议》中载明是为了履行调解书付款方式达成该协议，因此某盛公司主张其为双方达成调解协议进行了媒介服务，请求支付报酬的理由不能成立。且无论是否构成居间协议，某盛公司取得其服务费用应当依据合同约定，并已实际履行了相应义务，而其提供的现有证据无法证实其提供了《居间服务协议》约定的居间服务，其主张甘肃九建、杜某应当向其支付相应报酬的理由不能成立。二审法院判决：驳回上诉，维持原判。

二审法院判决生效后，某盛公司申请再审，再审法院认为，按照《居间服务协议》的约定，某盛公司有权请求甘肃九建给付《居间服务协议》约定的居间服务费用。某盛公司的再审请求部分成立，遂判决撤销一审、二审民事判决；判决甘肃九建向某盛公司支付 490 万元。

---

① 详可参见（2017）甘民终 393 号民事判决书。

二、以案说法

本案的主要争议焦点为：某盛公司是否有权主张《居间服务协议》约定的居间服务费用。

（一）居间服务协议的效力

《中华人民共和国合同法》（已废止）第 424 条规定："居间合同是居间人向委托人报告订立合同的机会或者提供订立合同的媒介服务，委托人支付报酬的合同。"（现《中华人民共和国民法典》第 961 条的"中介合同"）本案中，涉案《居间服务协议》为各方合意就某盛公司应取得的居间服务费用以及各方如何履行调解书中记载的付款方式达成的综合性协议，是当事人真实意思表示，该协议并不违反法律强制性规定，不存在其他无效情形，系有效合同。

（二）居间服务费用的主张权

根据《中华人民共和国合同法》（已废止）第 424 条关于居间合同的规定，居间人在交易双方当事人之间起介绍、协助作用，其目的在于通过居间活动获取报酬。本案中，涉案《居间服务协议》载明"甘肃九建诉某化工、某产业园建设工程施工合同纠纷一案，经丙方（某盛公司）协调，在甘肃高院主持下达成（2015）甘民一初字第 2 号民事调解书……案涉协议是各方当事人的真实意思表示，各方对于某盛公司提供居间服务进行了约定，就本案的事实状态而言，案涉协议中涉及的甘肃九建诉某化工、某产业园建设工程施工合同纠纷一案，人民法院已经调解，据此，能够证明某盛公司提供了相应的居间服务。且案涉《居间服务协议》还约定即便某盛公司未履行票据贴现等合同约定的部分义务，居间服务费用约定的效力不因此受到影响，杜某仍需支付该费用。

另外，杜某已部分履行该协议的内容。据此，某盛公司关于其为某化工、某产业园及甘肃九建、杜某达成调解提供了居间服务，应收取居间服务费用。

（三）居间服务费用的承担人

本案中，杜某系甘肃九建第六分公司的项目负责人，甘肃九建对其身份不持异议。杜某以个人名义签订案涉《居间服务协议》，约定向代表某盛公司的周某支付相应居间服务费用。杜某签订该协议是为了甘肃九建第六分公司的利益，其作为甘肃九建第六分公司的负责人，足以让某盛公司认为杜某代表的是甘肃九建第六分公司，该行为构成表见代理（行为人没有代理权、超越代理权或者代理权终止后以被代理人名义订立合同，相对人有理由相信行为人有代理权的，该代理行为有效），法律责任应由甘肃九建第六分公司承担。因甘肃九建第六分公司不具有法人资格，甘肃九建作为甘肃九建第六分公司的设立单位，应对其债务承担民事责任（公司可以设立分公司。设立分公司，应当向公司登记机关申请登记，领取营业执照。分公司不具有法人资格，其民事责任由公司承担）。综上，应由甘肃九建按《居间服务协议》的约定支付居间服务费用。

三、专家建议

在双方当事人原本就存在相关协议的情况下，委托第三人监督、协助、促进双方当事人的协议顺利履行，此种中介服务模式虽然有包括中介人在内的三方主体，但协议中实际对约定标的履行义务的是除中介人以外的双方当事人。中介人虽然在协议履行的过程中发挥了重要作用，但是中介人的作用无法用外化因素去衡量，因为中介人的工作是督促、协助、监督双方当事人履行义务，最后呈现的效果是双方当事人履行了义务，看不到中介人在其中付出的劳动，此时的双方当事人理应本着善良、诚实信用的原则按约定向中介人支付服务费。

四、关联法条

《中华人民共和国合同法》（已废止）第 424 条、第 49 条、第 402 条;《中华人民共和国民法典》第 171 条、第 925 条、第 961 条;《中华人民共和国公司法》第 14 条。

中介合同违法，中介人还能主张报酬吗

中介合同的本质是由第三人为双方当事人的合作"牵线搭桥"，由于第三人在此过程中付出了时间、精力甚至金钱，所以委托人应当在达成合作后向第三人支付报酬。但现实中存在这样一种情况：第三人按照中介合同的约定促成了双方当事人的合作，但是第三人无权要求委托方向其支付报酬，委托方也依法不必向第三人支付报酬，此种第三人辛苦付出却不能得到报酬的情况，多是因为第三人提供的中介服务内容违法导致的。

一、案例简介

（一）基本案情

2018年9月5日，某战公司（甲方）与张某（乙方）就汤山G81地块工程招标签订《居间协议》，该协议落款处有监证方彭某某签名。2018年，第三人某田公司与第三人某省建公司签订施工合同，由某田公司将汤山G81地块项目土建及水电安装工程发包给某省建公司施工，工程内容为土方、桩基、土建及水电安装施工。2018年9月，第三人某省建公司制作G81地块项目土建安装工程内部承包招标文件，招标范围为土方、土建及水电安装。2018年9月25日，某省建公司市场经营部向某战公司发出《中标通知书》，载明其单位G81地块项目土建安装工程项目确定某战公司中标，请某战公司收到通知后10天内签订合同。张某认为，

2018 年 9 月 5 日，其为某战公司参加汤山 G81 地块工程项目招标提供居间服务，双方签订《居间协议》，约定其提供居间服务，某战公司中标后支付居间费 300 万元。经其居间服务，某战公司于 2018 年 9 月 25 日中标，但某战公司至今拒付居间费，其多次催要无果，故诉至法院①。

（二）法院裁判

一审法院认为，根据《中华人民共和国建筑法》第 29 条规定：施工总承包的，建筑工程主体结构的施工必须由总承包单位自行完成。某省建公司将自某田公司处承包的土方、土建及水电安装施工交由某战公司施工，双方之间签订的建设工程施工合同因违反了前述强制性规定而无效。张某的居间行为促成某战公司与某省建公司间签订建设工程施工合同，破坏了建筑市场的秩序，张某的居间行为违法，其与某战公司间的《居间协议》无效。综上，张某依据该协议主张的居间费用不受法律保护，本院不予支持。

二、以案说法

本案的争议焦点为：张某的居间行为是否合法？双方当事人签订的《居间协议》是否有效？

（一）居间行为的有效性

居间行为即中介行为，属于民事法律行为，根据《中华人民共和国民法典》第 6 章的规定，民事法律行为是民事主体通过意思表示设立、变更、终止民事法律关系的行为，民事法律行为如果违反法律、行政法规的强制性规定，民事法律行为无效。如果

---

① 详可参见（2020）苏 01 民终 10148 号民事判决书。

民事法律行为被认定为无效，则自始无效、当然无效，那么基于该民事法律行为产生的一切民事法律关系都无效，行为人因该行为取得的财产，应当予以返还；不能返还或者没有必要返还的，应当折价补偿。有过错的一方应当赔偿对方由此所受到的损失；各方都有过错的，应当各自承担相应的责任。法律另有规定的，依照其规定。本案中，张某的居间行为是为了促成某战公司参加汤山地块工程项目的招标，促成某战公司承包 G81 地块项目土建及水电安装工程，根据《中华人民共和建筑法》的规定，某战公司承包汤山 G81 地块项目土建及水电安装工程不具备合法性，该承包行为因违反法律的强制性规定而无效。由此看来，张某提供居间服务的目的是促成一件违法事项的发生，因此该居间行为会由于服务目的的违法性而违法，因此张某的居间行为无效。

（二）居间协议的有效性

根据我国法律规定，违反法律、行政法规的强制性规定而订立的合同无效。本案中，原告张某与被告某战公司签订了《居间协议》，该协议约定的居间事项是由张某为某战公司居间介绍签订汤山 G81 地块建设工程施工合同，该居间事项是否合法？张某的居间行为是否合法决定了《居间协议》的效力。第三人某田公司将汤山 G81 地块项目土建及水电安装工程发包给第三人某省建公司施工，工程内容为土方、桩基、土建及水电安装施工。某省建公司与某战公司均未能提交双方之间就该项目签订的建设工程施工合同，结合《中标通知书》以及某省建公司制作的内部承包招标文件，可以确定某省建公司曾将土方、土建及水电安装工程交由某战公司施工。《中华人民共和国建筑法》第 29 条规定：施工总承包的，建筑工程主体结构的施工必须由总承包单位自行完成。某省建公司将自某田公司处承包的土方、土建及水电安装施工交由某战公司施工，双方之间签订的建设工程施工合同因违反了前述强制性规定而无效。张某的居间行为促成某战公司与某省建公司间签订建设工程施工合同，破坏了建筑市场的秩序，张某的居间行为违法，因此张某与某战公司间的《居间协议》无效。

三、专家建议

本着合法合规、诚实信用的原则，当事人订立、履行合同，应当遵守法律法规，不得扰乱社会秩序，损害社会公共利益。中介合同是中介人向委托人报告订立合同的机会或者提供订立合同的媒介服务，委托人支付报酬的合同。虽然中介合同是私主体之间意思自治的结果，但是中介人报告订立合同的机会和提供媒介服务时，该机会和服务不得违反法律、行政法规的强制性规定。居间合同约定的居间事项系促成签订违反法律法规强制性规定的无效建设工程施工合同的，该居间合同因扰乱建筑市场秩序，损害社会公共利益，应属无效合同，居间方据此主张居间费用的，人民法院不予支持。

四、关联法条

《中华人民共和国合同法》（已废止）第 44 条、第 52 条、第 272 条、第 424 条;《中华人民共和国民法典》第 502 条、第 791 条、第 961 条;《中华人民共和国建筑法》第 29 条;《最高人民法院关于审理建设工程施工合同纠纷案件适用法律问题的解释》第 4 条。

十六、合伙合同纠纷

"有实无名"的合伙合同如何确定

大多数合同的签订都会明确标注合同类型，如买卖合同、承揽合同、租赁合同等，不同的有名合同权利义务的分配也不同。当合同当事人的合同书没有明确标注合同类型时，该如何认定合同的性质呢？实践中常通过主要的合同条款内容认定合同的类型并以此确定合同当事人的权利义务。

一、案例简介

（一）基本案情

2012年10月5日，虢某、徐某（乙方）与钟某（甲方）签订了一份《协议书》，内容有："甲乙双方拟共同购买位于高新区宏城的一宗地，就此事宜经双方协商达成协议。"2015年9月22日，虢某、徐某（乙方）与钟某（甲方）签订了一份《补充协议》。2017年12月6日，案外人苏某作为甲方，钟某作为乙方，虢某、徐某作为丙方特签订《变更补充协议》。后钟某向虢某、徐某出具收条三份，表示收到徐某购地款共计112万元。2012年及2015年协议签订后，虢某、徐某先后向钟某转款共计112万元，钟某予以认可。案涉土地的使用权证办理在案外人苏某名下。虢某、徐某表示，钟某迟迟不办理土地使用权的过户手续，其向钟某催告过多次，钟某未办理，双方合同应当解除。钟某认为其与虢某、徐某系合伙关系，共同开发案涉土地，其没有办证义务，该地块现在尚未开发，但一直在向虢某、徐某支付土地上房屋的租金收益，虢某、徐某以建设用地使用权转让合同未实现为由要求解除与钟某签订的两份协议[①]。

（二）法院裁判

1. 一审判决

一审法院认为，从签订的三份协议来看，仅有收益分配的相关约定，不符合合伙合同的特征；虢某、徐某的真实意思表示系购买土地并取得相应的物权，并无合伙的意向；钟某在出具收条时亦表述为"购地款""土地款"，而非合伙投资款；该分配的利润应为虢某、徐某作为建设用地使用权人享有的收益权并非合伙关系中的共享收益。故本案的法律关系为建设用地使用权纠纷，并非合伙合同纠纷。钟某对该合同已构成根本违约，虢某、徐某享有法定解除合同的权利，且合同应于2023年5月5日解除。判决确认原告虢某、徐某与被告钟某于2012年10月5日签订的协议书及2015年9月22日签订的《补充协议》于2023年5月5日解除；判决被告钟某返还原告虢某、徐某购地款112万元并支付资金占用利息。

2. 终审判决

二审法院认为，虢某、徐某与钟某之间的关系由两方合伙变更为与苏某三方合伙出资购买已登记在苏某名下的土地，即三方为合伙合同关系。虢某、徐某认为钟某未将2亩土地过户构成违

---

① 详可参见（2023）鄂08民终1255号民事判决书。

约的主张，与《协议书》约定内容不符，本院不予支持。虢某、徐某以建设用地使用权转让合同未实现为由要求解除合同，但本案已查明应为合伙合同，其应经过相应程序决定是否终止合伙合同或继续履行，故本院对其要求确认解除 2012 年 10 月 5 日《协议书》、2015 年 9 月 22 日《补充协议》的诉讼请求，不予支持。一审法院对此处理不当，本院予以纠正。判决撤销一审民事判决。

二、以案说法

本案的争议焦点为：（1）钟某和虢某、徐某之间的法律关系如何，本案是建设用地使用权转让合同纠纷还是合伙合同纠纷？（2）虢某、徐某是否有权解除 2012 年 10 月 5 日的《协议书》和 2015 年 9 月 22 日的《补充协议》。

（一）合伙合同的认定

建设用地使用权转让合同是指建设用地使用权人将建设用地使用权转让给受让人，受让人支付价款的合同。合伙合同是指两个以上的合伙人为了共同的事业目的，订立的共享利益、共担风险的协议。合伙合同具有以下特征：（1）合同主体的数量限制，合伙人应当在两个以上。（2）合伙合同的目的性特征。（3）合伙合同的收益风险负担。（4）合伙合同是继续性合同，只要共同目的未实现，合伙人也未一致同意解散合伙，所有合伙人都应当持续履行其义务。（5）合伙合同是不要式合同。（6）合伙合同具有鲜明的人合性特征。

本案中，2012 年 10 月 5 日的《协议书》约定，钟某与虢某、徐某共同购买高新区宏城一宗地。虢某、徐某持有的文件表明，苏某于 2017 年 1 月 12 日在苏某与钟某的《协议书》上手写了以下内容："钟某的 3184.67 平方米与虢某、徐某构成合伙协议，该部分内容以钟某与虢某、徐某合作协议为准，有法律效力。"该行为表明，虢某、徐某于 2017 年 1 月 12 日经苏某书面认可，其夫妻二人与钟某之间为合伙关系。2017 年 12 月 6 日，苏某、钟某及虢某、徐某签订的三方《变更补充协议》表明，三方当事人对三方之间的关系及权利义务以书面形式进行了约定，即苏某与钟某合伙购买的经宜昌中院拍卖处置的土地，变更为三方合伙，即三方为合伙合同关系。

（二）合伙合同的解除

《中华人民共和国民法典》第 562 条规定，当事人协商一致，可以解除合同。当事人可以约定一方解除合同的事由。解除合同的事由发生时，解除权人可以解除合同。2012 年 10 月 5 日的《协议书》及 2015 年 9 月 22 日的《补充协议》均未约定解除合同的条款，双方亦未协商一致。虢某、徐某于 2023 年 5 月 5 日向钟某发送要求解除合同的短信，应依据法定解除。在出现法定解除事由的情形下，拥有解除权的一方当事人可以单方面行使解除权，而无须和对方协商一致。

本案中，因虢某、徐某已与钟某及苏某达成 2017 年 12 月 6 日的《变更补充协议》，三方形成了合伙合同关系。合伙合同是继续性合同，现无合伙合同终止的事由出现，所有合伙人都应当持续履行其义务。虢某、徐某以建设用地使用权转让合同未实现为由要求解除合同，但本案已查明应为合伙合同，其应根据《中华人民共和国民法典》第 27 章的规定，经过相应程序决定是否终止合伙合同或继续履行，故法院对其要求确认解除 2012 年 10 月 5 日的《协议书》、2015 年 9 月 22 日的《补充协议》的诉讼请求，不予支持。

三、专家建议

合伙合同是指两个以上的合伙人为了共同的事业目的，订立的共享利益、共担风险的协议。当事人和法院都要严格按照合伙合同的特征来确认和审核合伙关系。合伙合同不同于其他的有名合同，合伙合同的责任承担方式以终止解除事由具有其特殊性。在当事人没有约定解除事由时，合伙合同的解除也不能直接适用《中华人民共和国民法典》第563条的法定解除事由，而是要根据《中华人民共和国民法典》第27章对合伙合同的规定，经过相应程序决定是否终止合伙合同或继续履行。

四、关联法条

《中华人民共和国民法典》第562条、第563条第1款。

无合伙合同，如何认定合伙关系

当几个"志趣相投"的人决定做一份事业时，最好签署一份合伙合同协议，以此明确彼此之间的法律关系和后续的权利义务分配，以避免日后不必要的法律纠纷。

一、案例简介

（一）基本案情

李某 1 与李某 2 系叔侄关系。2013 年，任某找到李某 1 商量，共同承建县住建局一供热工程项目，并协商由任某寻找具备施工资质的公司挂靠投标该项目。后双方一致同意该工程项目挂靠在 A 公司名下。2013 年，A 公司承包了县住建局城南集中供热锅炉房土建及烟囱工程基本建设项目。为启动该工程项目，2013 年 5 月 15 日，李某 1 向县住建局账户打款 500 万元，当日，县住建局账户收到该笔款项（后由任某向银行贷款 500 万元并还给了李某 1，李某 1 也出具了利息收据）。2013 年 6 月 27 日，李某 1 以个人名义为任某向市农村信用社贷款 500 万元资金承担连带保证责任。2014 年 12 月 16 日，A 公司出具《内部承包人证明》，由李某 2 与任某为 A 公司城南片区集中供热锅炉房土建及烟囱工程基本建设项目内部承包责任人，两人共同拥有此项目的经济及法律责任权利。该工程项目的负责人是任某和李某 2。任某主张其与李某 1 之间系民间借贷关系而非合伙关系，李某 1 辩称该 500 万元并非民间借贷而是其合伙投资。故李某 1、李某 2 请求法院确认李某 1、李某 2 与任某之间的合伙关系[①]。

（二）法院裁判

1. 一审判决

一审法院判决李某 1、李某 2 与任某之间成立合伙关系。

2. 终审判决

二审法院认为，合伙中提供资金应将该资金用于合伙项目，在合伙项目结束之前，合伙资金不应随意抽回。李某 1 筹资 500 万元并提交给县住建局作为项目保证金后，由任某向银行贷款 500 万元并还给了李某 1，李某 1 也出具了利息收据，更符合民间借贷的交易流程，亦无法证明李某 1 与任某之间存在合伙关系。关于任某与李某 2 之间是否构成合伙的问题，李某 2 与任某之间虽未签订书面合同，又未经工商行政管理部门核准登记，但已具备合伙的其他条件，可以认定李某 2 与任某之间构成合伙关系。

再审法院认为，当事人之间没有书面合伙协议，又未经工商行政管理部门核准登记，但具备合伙的其他条件，又有两个以上无利害关系人证明有口头合伙协议的，人民法院可以认定为合伙关系。本案中，李某 2 和任某之间没有签订书面合伙协议，也无经工商行政管理部门核准登记的事实，同时亦无两个以上无利害关系人证明双方之间有口头合伙协议，据此，二审认定李某 2 与任某之间成立合伙关系缺乏法律和事实依据，撤销一审和二审的判决。

二、以案说法

本案的争议焦点为，李某 2 与任某之间是否构成合伙关系。

---

① 详可参见（2018）新民终 325 号民事判决书。

（一）合伙关系的法律规定

《中华人民共和国民法通则》（已废止）第 30 条规定，个人合伙是指两个以上公民按照协议，各自提供资金、实物、技术等，合伙经营、共同劳动。《最高人民法院关于贯彻执行〈中华人民共和国民法通则〉若干问题的意见（试行）》第 50 条规定，当事人之间没有书面合伙协议，又未经工商行政管理部门核准登记，但具备合伙的其他条件，又有两个以上无利害关系人证明有口头合伙协议的，人民法院可以认定为合伙关系。

（二）合伙关系的事实认定

本案中，当事人之间没有书面合伙协议，又未经工商行政管理部门核准登记。关于任某与李某 1 之间是否构成合伙的问题，任某主张其与李某 1 之间系民间借贷关系而非合伙关系，李某 1 辩称该 500 万元并非民间借贷而是其合伙投资。二审法院认为，合伙中提供资金应将该资金用于合伙项目，在合伙项目结束之前，合伙资金不应随意抽回。李某 1 筹资 500 万元并提交给县住建局作为项目保证金后，由任某向银行贷款 500 万元并还给了李某 1，李某 1 也出具了利息收据，更符合民间借贷的交易流程。李某 1 主张其与任某之间系合伙关系，应由其举证证明其具备合伙的条件。但从现有证据来看，即使李某 1 并未因借款、担保行为获利，亦不足以证实李某 1 存在提供资金、合伙经营、共同劳动的情形，无法证明李某 1 与任某之间存在合伙关系。

虽然证人证言提到工地负责人是任某和李某 2、二者之间是合伙关系、工人工资向任某与李某 2 两人索取，以及 A 公司出具的《内部承包人证明》中载明任某、李某 2 为该项目内部承包责任人等，但是该内部承包人证明不是认定或者否定李某 2 与任某之间成立合伙关系的唯一和最为关键的证据，本案认定是否构成合伙关系主要是审查法律和司法解释中规定的合伙法律关系构成要件有无欠缺。本案中对该内部承包人证明的真伪不做评判。根据法律规定，当事人之间是否存在书面或者口头合伙协议，是认定双方是否构成合伙关系的前提要件。本案中，李某 2 和任某之间没有签订书面合伙协议，也无经工商行政管理部门核准登记的事实，同时亦无两个以上无利害关系人证明双方之间有口头合伙协议，据此，再审认定李某 2 与任某之间不成立合伙关系。

三、专家建议

依据《民法通则》的规定，合伙关系一般要依照当事人之间明确的书面协议来认定，但是实践中多存在没有正式的合伙协议就一起合伙做事的情况，对此最高人民法院的司法解释规定："当事人之间没有书面合伙协议，又未经工商行政管理部门核准登记，但具备合伙的其他条件，又有两个以上无利害关系人证明有口头合伙协议的，人民法院可以认定为合伙关系。"这是在没有书面合伙协议的情况下对事实合伙关系"适度放宽"的认定，但是依照该司法解释认定合伙关系时，也必须严格地按照构成要件有无欠缺去评判，不允许在没有合伙协议的情况下主观评判是否存在合伙关系。

四、关联法条

《中华人民共和国民法通则》（已废止）第 30 条、《最高人民法院关于贯彻执行〈中华人民共和国民法通则〉若干问题的意见（试行）》第 50 条、《中华人民共和国民法典》第 967 条。